环境污染犯罪司法解释图解案例手册

（第二版）

生态环境部生态环境执法局
最高人民法院研究室
最高人民检察院第一检察厅
最高人民检察院法律政策研究室
主编

中国环境出版集团·北京

图书在版编目（CIP）数据

环境污染犯罪司法解释图解案例手册 / 生态环境部生态环境执法局等主编 . -- 2 版 . -- 北京：中国环境出版集团，2019.6
ISBN 978-7-5111-3969-6

Ⅰ . ①环… Ⅱ . ①生… Ⅲ . ①破坏环境资源保护罪－法律解释－中国－手册 Ⅳ . ① D924.365-62

中国版本图书馆 CIP 数据核字 (2019) 第 083349 号

出 版 人 武德凯
责任编辑 孙 莉
责任校对 任 丽
封面设计 岳 帅

出版发行 中国环境出版集团
(100062 北京市东城区广渠路内大街 16 号)
网 址：http://www.cesp.cn
电子邮箱：bjgl@cesp.com.cn
联系电话：010-67112765（编辑管理部）
发行热线：010-67125803,010-67113405（传真）

印 刷 北京中科印刷有限公司
经 销 各地新华书店
版 次 2019 年 6 月第 2 版
印 次 2019 年 6 月第 1 次印刷
开 本 880×1230 1/32
印 张 5
字 数 110 千字
定 价 45.00 元

编委会

前　言

2018年5月，全国生态环境保护大会胜利召开，大会确立了习近平生态文明思想。习近平生态文明思想，是习近平新时代中国特色社会主义思想的重要组成部分，同时深刻回答了建设生态文明的重大理论和实践问题，进一步丰富和发展了马克思主义关于人和自然关系的思想，深化了我们党对社会主义建设规律的认识，为建设美丽中国、实现中华民族永续发展提供了根本遵循。

近年来，最高人民法院、最高人民检察院、公安部、生态环境部高度重视依法惩治环境污染违法犯罪活动。2016年"两高"制定出台新的《关于办理环境污染刑事案件适用法律若干问题的解释》；2017年环境保护部、公安部、最高人民检察院联合印发《环境保护行政执法与刑事司法衔接工作办法》；2019年最高人民法院、最高人民检察院、公安部、司法部、生态环境部正式印发《关于办理环境污染刑事案件有关问题座谈会纪要》（以下简称《纪要》）。

上述司法解释和规范性文件的出台不仅解决了环境执法和司法人员办理环境污染犯罪案件过程中的很多难题和困惑，使之更具有指导性、实用性、可操作性，同时也贯彻了最严格的环保执法司法制度、最严密的环保法治理念，对环境污染犯罪敢于亮剑、绝不手软，对情节恶劣、后果严重的犯罪行为从严打击、从重处罚，把刑法和相关司法解释的规定用足用好，使之真正成为“有牙齿的老虎”，对环境污染犯罪起到强烈的震慑作用。

由生态环境部生态环境执法局、最高人民法院研究室、最高人民检察院第一检察厅、最高人民检察院法律政策研究室共同主编的《环境污染犯罪司法解释图解案例手册》（第二版）是在第一版的基础上重新修订，增加了《纪要》及其相应解读。同时，本书还新增5个典型的环境污染犯罪案例，并沿袭原有的风格采用图文并茂的方式予以展现，有助于读者对相应条款规定的深刻理解。

本书不仅对环境执法、司法人员办理环境污染犯罪案件具有很高的使用和参考价值，也对政府和相关部门、重点排污单位以及广大关心环境保护工作的公众了解环境司法法治工作起到普及作用。本书编写过程中，得到了公安部治安管理局、各地环保部门和司法机关的支持和帮助，在此谨表谢意。由于编者水平有限，书中疏漏之处在所难免，敬请广大读者批评指正。

编　者

2019年5月

目 录

THE PART ONE

第一部分

最高人民法院、最高人民检察院关于办理环境污染刑事案件适用法律若干问题的解释

中华人民共和国最高人民法院
中华人民共和国最高人民检察院
公告

《最高人民法院、最高人民检察院关于办理环境污染刑事案件适用法律若干问题的解释》已于2016年11月7日由最高人民法院审判委员会第1698次会议、2016年12月8日由最高人民检察院第十二届检察委员会第58次会议通过，现予公布，自2017年1月1日起施行。

最高人民法院
最高人民检察院
2016年12月23日

最高人民法院、最高人民检察院关于办理环境污染刑事案件适用法律若干问题的解释

法释〔2016〕29号

（2016年11月7日最高人民法院审判委员会第1698次会议、2016年12月8日最高人民检察院第十二届检察委员会第58次会议通过，自2017年1月1日起施行）

为依法惩治有关环境污染犯罪，根据《中华人民共和国刑法》《中华人民共和国刑事诉讼法》的有关规定，现就办理此类刑事案件适用法律的若干问题解释如下：

第一条 实施刑法第三百三十八条规定的行为，具有下列情形之一的，应当认定为“严重污染环境”：

（一）在饮用水水源一级保护区、自然保护区核心区排放、倾倒、处置有放射性的废物、含传染病病原体的废物、有毒物质的；

（二）非法排放、倾倒、处置危险废物三吨以上的；

（三）排放、倾倒、处置含铅、汞、镉、铬、砷、铊、锑的污染物，超过国家或者地方污染物排放标准三倍以上的；

（四）排放、倾倒、处置含镍、铜、锌、银、钒、锰、钴的污染物，超过国家或者地方污染物排放标准十倍以上的；

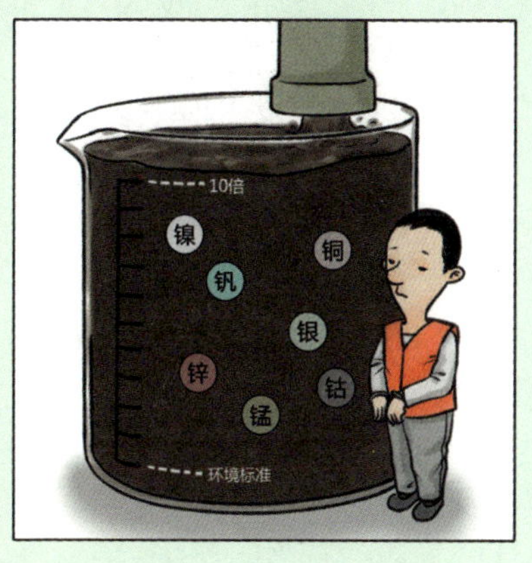

（五）通过暗管、渗井、渗坑、裂隙、溶洞、灌注等逃避监管的方式排放、倾倒、处置有放射性的废物、含传染病病原体的废物、有毒物质的；

（六）二年内曾因违反国家规定，排放、倾倒、处置有放射性的废物、含传染病病原体的废物、有毒物质受过两次以上行政处罚，又实施前列行为的；

（七）重点排污单位篡改、伪造自动监测数据或者干扰自动监测设施，排放化学需氧量、氨氮、二氧化硫、氮氧化物等污染物的；

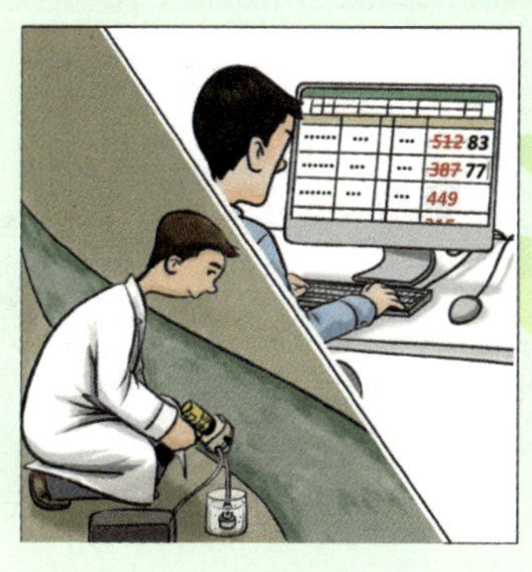

（八）违法减少防治污染设施运行支出一百万元以上的；

（九）违法所得或者致使公私财产损失三十万元以上的；

（十）造成生态环境严重损害的；

（十一）致使乡镇以上集中式饮用水水源取水中断十二小时以上的；

（十二）致使基本农田、防护林地、特种用途林地五亩以上，其他农用地十亩以上，其他土地二十亩以上基本功能丧失或者遭受永久性破坏的；

（十三）致使森林或者其他林木死亡五十立方米以上，或者幼树死亡二千五百株以上的；

（十四）致使疏散、转移群众五千人以上的；

（十五）致使三十人以上中毒的；

（十六）致使三人以上轻伤、轻度残疾或者器官组织损伤导致一般功能障碍的；

（十七）致使一人以上重伤、中度残疾或者器官组织损伤导致严重功能障碍的；

（十八）其他严重污染环境的情形。

第二条　实施刑法第三百三十九条、第四百零八条规定的行为，致使公私财产损失三十万元以上，或者具有本解释第一条第十项至第十七项规定情形之一的，应当认定为“致使公私财产遭受重大损失或者严重危害人体健康”或者“致使公私财产遭受重大损失或者造成人身伤亡的严重后果”。

第三条　实施刑法第三百三十八条、第三百三十九条规定的行为,具有下列情形之一的,应当认定为“后果特别严重”:

（一）致使县级以上城区集中式饮用水水源取水中断十二小时以上的；

（二）非法排放、倾倒、处置危险废物一百吨以上的；

（三）致使基本农田、防护林地、特种用途林地十五亩以上，其他农用地三十亩以上，其他土地六十亩以上基本功能丧失或者遭受永久性破坏的；

（四）致使森林或者其他林木死亡一百五十立方米以上，或者幼树死亡七千五百株以上的；

（五）致使公私财产损失一百万元以上的；

（六）造成生态环境特别严重损害的；

（七）致使疏散、转移群众一万五千人以上的；

（八）致使一百人以上中毒的；

（九）致使十人以上轻伤、轻度残疾或者器官组织损伤导致一般功能障碍的；

（十）致使三人以上重伤、中度残疾或者器官组织损伤导致严重功能障碍的；

（十一）致使一人以上重伤、中度残疾或者器官组织损伤导致严重功能障碍，并致使五人以上轻伤、轻度残疾或者器官组织损伤导致一般功能障碍的；

（十二）致使一人以上死亡或者重度残疾的；

（十三）其他后果特别严重的情形。

第四条 实施刑法第三百三十八条、第三百三十九条规定的犯罪行为，具有下列情形之一的，应当从重处罚：

（一）阻挠环境监督检查或者突发环境事件调查，尚不构成妨害公务等犯罪的；

（二）在医院、学校、居民区等人口集中地区及其附近，违反国家规定排放、倾倒、处置有放射性的废物、含传染病病原体的废物、有毒物质或者其他有害物质的；

（三）在重污染天气预警期间、突发环境事件处置期间或者被责令限期整改期间，违反国家规定排放、倾倒、处置有放射性的废物、含传染病病原体的废物、有毒物质或者其他有害物质的；

（四）具有危险废物经营许可证的企业违反国家规定排放、倾倒、处置有放射性的废物、含传染病病原体的废物、有毒物质或者其他有害物质的。

第五条 实施刑法第三百三十八条、第三百三十九条规定的行为，刚达到应当追究刑事责任的标准，但行为人及时采取措施，防止损失扩大、消除污染，全部赔偿损失，积极修复生态环境，且系初犯，确有悔罪表现的，可以认定为情节轻微，不起诉或者免予刑事处罚；确有必要判处刑罚的，应当从宽处罚。

第六条 无危险废物经营许可证从事收集、贮存、利用、处置危险废物经营活动，严重污染环境的，按照污染环境罪定罪处罚；同时构成非法经营罪的，依照处罚较重的规定定罪处罚。

实施前款规定的行为，不具有超标排放污染物、非法倾倒污染物或者其他违法造成环境污染的情形的，可以认定为非法经营情节显著轻微危害不大，不认为是犯罪；构成生产、销售伪劣产品等其他犯罪的，以其他犯罪论处。

第七条 明知他人无危险废物经营许可证，向其提供或者委托其收集、贮存、利用、处置危险废物，严重污染环境的，以共同犯罪论处。

第八条 违反国家规定，排放、倾倒、处置含有毒害性、放射性、传染病病原体等物质的污染物，同时构成污染环境罪、非法处置进口的固体废物罪、投放危险物质罪等犯罪的，依照处罚较重的规定定罪处罚。

第九条 环境影响评价机构或其人员，故意提供虚假环境影响评价文件，情节严重的，或者严重不负责任，出具的

环境影响评价文件存在重大失实，造成严重后果的，应当依照刑法第二百二十九条、第二百三十一条的规定，以提供虚假证明文件罪或者出具证明文件重大失实罪定罪处罚。

第十条 违反国家规定，针对环境质量监测系统实施下列行为，或者强令、指使、授意他人实施下列行为的，应当依照刑法第二百八十六条的规定，以破坏计算机信息系统罪论处：

（一）修改参数或者监测数据的；

（二）干扰采样，致使监测数据严重失真的；

（三）其他破坏环境质量监测系统的行为。

重点排污单位篡改、伪造自动监测数据或者干扰自动监测设施，排放化学需氧量、氨氮、二氧化硫、氮氧化物等污染物，同时构成污染环境罪和破坏计算机信息系统罪的，依照处罚较重的规定定罪处罚。

从事环境监测设施维护、运营的人员实施或者参与实施篡改、伪造自动监测数据、干扰自动监测设施、破坏环境质量监测系统等行为的，应当从重处罚。

第十一条　单位实施本解释规定的犯罪的，依照本解释规定的定罪量刑标准，对直接负责的主管人员和其他直接责任人员定罪处罚，并对单位判处罚金。

第十二条　环境保护主管部门及其所属监测机构在行政执法过程中收集的监测数据，在刑事诉讼中可以作为证据使用。

公安机关单独或者会同环境保护主管部门，提取污染物样品进行检测获取的数据，在刑事诉讼中可以作为证据使用。

第十三条　对国家危险废物名录所列的废物，可以依据涉案物质的来源、产生过程、被告人供述、证人证言以及经批准或者备案的环境影响评价文件等证据，结合环境保护主管部门、公安机关等出具的书面意见作出认定。

对于危险废物的数量，可以综合被告人供述，涉案企业的生产工艺、物耗、能耗情况，以及经批准或者备案的环境影响评价文件等证据作出认定。

第十四条 对案件所涉的环境污染专门性问题难以确定的，依据司法鉴定机构出具的鉴定意见，或者国务院环境保护主管部门、公安部门指定的机构出具的报告，结合其他证据作出认定。

第十五条 下列物质应当认定为刑法第三百三十八条规定的“有毒物质”：

（一）危险废物，是指列入国家危险废物名录，或者根据国家规定的危险废物鉴别标准和鉴别方法认定的，具有危险特性的废物；

（二）《关于持久性有机污染物的斯德哥尔摩公约》附件所列物质；

（三）含重金属的污染物；

（四）其他具有毒性，可能污染环境的物质。

第十六条 无危险废物经营许可证，以营利为目的，从危险废物中提取物质作为原材料或者燃料，并具有超标排放污染物、非法倾倒污染物或者其他违法造成环境污染的情形的行为，应当认定为“非法处置危险废物”。

第十七条 本解释所称“二年内”，以第一次违法行为受到行政处罚的生效之日与又实施相应行为之日的时间间隔计算确定。

本解释所称“重点排污单位”，是指设区的市级以上人民政府环境保护主管部门依法确定的应当安装、使用污染物排放自动监测设备的重点监控企业及其他单位。

本解释所称“违法所得”，是指实施刑法第三百三十八条、第三百三十九条规定的行为所得和可得的全部违法收入。

本解释所称“公私财产损失”，包括实施刑法第三百三十八条、第三百三十九条规定的行为直接造成财产损毁、减少的实际价值，为防止污染扩大、消除污染而采取必要合理措施所产生的费用，以及处置突发环境事件的应急监测费用。

本解释所称“生态环境损害”，包括生态环境修复费用，生态环境修复期间服务功能的损失和生态环境功能永久性损害造成的损失，以及其他必要合理费用。

本解释所称“无危险废物经营许可证”，是指未取得危险废物经营许可证，或者超出危险废物经营许可证的经营范围。

第十八条 本解释自2017年1月1日起施行。本解释施行后，《最高人民法院、最高人民检察院关于办理环境污染刑事案件适用法律若干问题的解释》（法释〔2013〕15号）同时废止；之前发布的司法解释与本解释不一致的，以本解释为准。

《最高人民法院、最高人民检察院关于办理环境污染刑事案件适用法律若干问题的解释》的解析

制定背景

保护环境是我国的基本国策，是可持续发展战略的重要内容。党的十八大以来，习近平总书记多次强调“绿水青山就是金山银山”，要“像保护眼睛一样保护生态环境，像对待生命一样对待生态环境”，形成了一系列重要论述，为今后一个时期解决环境问题指明了方向。党的十八届五中全会提出“创新、协调、绿色、开放、共享”的新发展理念，十二届全国人大四次会议审议通过的“十三五”规划纲要通篇贯穿绿色发展理念，提出了生态环境质量总体改善的奋斗目标。继最严格的耕地保护制度、最严格的水资源保护制度之后，实行最严格的环境保护制度已被提出并成为社会共识。司法是保护环境的重要手段，在推进环境治理体系现代化进程中发挥着不可替代的作用。

为依法惩治有关环境污染犯罪，2013 年 6 月，最高人民法院与最高人民检察院联合发布了《关于办理环境污染刑事案件适用法律若干问题的解释》[法释〔2013〕15 号，以下简称《解释》(2013 年)]，对污染环境罪的定罪量刑标准等问

题作出了明确规定。自《解释》(2013年)施行以来，各级公检法机关和环保部门依法查处环境污染犯罪，加大惩治力度，取得了良好效果。2013年7月—2016年12月，全国法院新接收污染环境、非法处置进口的固体废物、环境监管失职刑事案件共4 953件，审结4 729件，生效判决人数7 108人；年均收案1 400余件，生效判决人数2 000余人。相较于过去年均二三十件的案件量，污染环境刑事案件量增长十分明显。这对于强化环境司法保护、推进生态文明建设发挥了十分重要的作用。

与此同时，近年来环境污染犯罪又出现了一些新的情况和问题，如危险废物犯罪呈现出产业化迹象，大气污染犯罪取证困难，篡改、伪造自动监测数据和破坏环境质量监测系统的刑事规制存在争议等。鉴于此，为有效解决实践问题，进一步加大对生态环境的司法保护力度，最高人民法院会同最高人民检察院，在公安部、环保部等有关部门的大力支持下，经深入调查研究、广泛征求意见，制定了2016年的《关于办理环境污染刑事案件适用法律若干问题的解释》[法释〔2016〕29号，以下简称《解释》(2016年)]，对《解释》(2013年)做了全面修改和完善。

这是自1997年刑法施行以来最高司法机关就环境污染犯罪第三次出台专门司法解释，且距《解释》(2013年)的公布仅三年半左右的时间，这充分体现了最高司法机关对环境保护的高度重视。我们相信，《解释》(2016年)的发布，对于进一步提升依法惩治环境污染犯罪的成效，进一步加大环境司法保护力度，有效保护生态环境，推进美丽中国建设，必将发挥重要作用。

主要内容

《解释》(2016年)结合当前环境污染犯罪的特点和司法实践反映的问题，依照刑法、刑事诉讼法相关规定，用十八个条文对相关犯罪定罪量刑标准的具体把握等问题作了全面、系统的规定。主要包括以下十个方面的内容：

1. 明确了污染环境罪定罪量刑的具体标准。污染环境罪是环境污染犯罪的基本罪名，入罪要件为“严重污染环境”。《解释》(2013年)规定了认定“严重污染环境”的十四项具体情形。《解释》(2016年)第一条予以吸收，并根据司法实践情况作出完善：一是细化重金属污染环境的入罪标准。鉴于各类重金属在毒害性程度方面存在明显差异，经从环境学和环境医学角度综合考量，《解释》(2016年)规定，“排放、倾倒、处置含铅、汞、镉、铬、砷、铊、锑的污染物，超过国家或者地方污染物排放标准三倍以上的”，或者“排放、倾倒、处置含镍、铜、锌、银、钒、锰、钴的污染物，超过国家或者地方污染物排放标准十倍以上的”，应当认定为“严重污染环境”。二是突出对自动监测数据造假行为的惩治。《解释》(2016年)规定，“重点排污单位篡改、伪造自动监测数据或者干扰自动监测设施，排放化学需氧量、氨氮、二氧化硫、氮氧化物等污染物的”，应当认定为“严重污染环境”。这一新增规定，对有效防范和依法惩治大气污染犯罪这一社会各界高度关注的顽疾具有重要意义。三是将“违法减少防治污染设施运行支出一百万元以上的”，“违法所得三十万元以上”增加规定为“严重污染环境”的情形。实施环境污染犯罪的单位和个人多是为了谋取不法利益，增设以上两项规定，让行为人得不偿失，可以更有针对性地惩治和预防犯罪。四是将生态环境损害因素纳入考量范围。中共中央、国务院《生态文明体制改革总体方案》提出："严格实行生态环境损害赔偿制度。强化生产者环境保护法律责任，大幅度提高违法成本。""对造成生态环境损害的，以损害程度等因素依法确定赔偿额度；对造成严重后果的，依法追究刑事责任。"根据这一要求，《解释》（2016年）明确将"造成生态环境严重损害"规定为"严重污染环境"的情形之一。

在此基础上，《解释》（2016年）第三条还对污染环境罪的结果加重情节"后果特别严重"的认定标准做了相应完善。增加规定，"非法排放、倾倒、处置危险废物一百吨以上的"或者"造成生态环境特别严重损害的"，应当认定为"后果特别严重"，处三年以上七年以下有期徒刑，并处罚金。

2. 明确了非法处置进口的固体废物罪、擅自进口固体废物罪、环境监管失职罪定罪量刑的具体标准。除污染环境罪外，环境污染犯罪还涉及非法处置进口的固体废物罪、擅自进口固体废物罪、环境监管失职罪等罪名。为统一法律适用，《解释》（2016年）第二条、第三条对上述罪名所涉及的"致使公私财产遭受重大损失或者严重危害人体健康"或者"致使公私财产遭受重大损失或者造成人身伤亡的严重后果"，"后果特别严重"等定罪量刑标准作了明确。与《解释》（2013年）相比，相关标准更加明确具体，可操作性更强，体现了从严惩治环境污染犯罪的精神。

3. 明确了宽严相济的刑事政策的具体适用。《解释》（2016年）第四条规定，实施环境污染犯罪，"具有下列情形之一的，应当从重处罚：（一）阻挠环境监督检查或者突发环境事件调查，尚不构成妨害公务等犯罪的；（二）在医院、学校、居民区等人口集中地区及其附近，违反国家规定排放、倾倒、处置有放射性的废物、含传染病病原体的废物、有毒物质或者其他有害物质的；（三）在重污染天气预警期间、突发环境事件处置期间或者被责令限期整改期间，违反国家规定排放、倾倒、处置有放射性的废物、含传染病病原体的废物、有毒物质或者其他有害物质的；（四）具有危险废物经营许可证的企业违反国家规定排放、倾倒、处置有放射性的废物、含传染病病原体的废物、有毒物质或者其他有害物质的”。

为充分发挥刑法的威慑和教育功能，促使行为人在污染环境后及时采取措施减少和弥补损害，《解释》(2016 年) 第五条规定，实施环境污染犯罪行为，但行为人及时采取措施，防止损失扩大、消除污染，全部赔偿损失，积极修复生态环境的，可以适当从宽处理。

4. 明确了环境污染共同犯罪的处理规则。实践中，一些单位和个人非法排放、倾倒、处置危险废物，以降低生产成本、谋取不法利益。而且，行为人分工明确，相互配合，呈现出明显的产业化迹象，甚至形成了“一条龙”作业。对于此类犯罪，不仅要依法惩治直接污染环境的行为人，更要打源头、追幕后，依法追究危险废物提供者的刑事责任。为此，《解释》(2016 年) 第七条重申了对环境污染犯罪的共同犯罪处理规则，规定“明知他人无危险废物经营许可证，向其提供或者委托其收集、贮存、利用、处置危险废物，严重污染环境的，以共同犯罪论处”。

5. 明确了环境污染犯罪竞合的处理原则。环境污染犯罪

行为可能同时触犯多个罪名，如无经营许可证从事收集、贮存、利用、处置危险废物经营活动，严重污染环境的，可能同时触犯污染环境罪与非法经营罪；违规排放、倾倒、处置含有毒害性、放射性、传染病病原体等物质的污染物，可能同时触犯污染环境罪与投放危险物质罪。为进一步加大对环境污染相关犯罪的惩治力度，《解释》(2016年)第六条、第八条明确规定了“从重罪处断原则”，即同时构成污染环境罪和非法经营罪、投放危险物质罪等相关犯罪的，依照处罚较重的规定定罪处罚。

6. 明确了环境影响评价造假的刑事责任追究问题。环境影响评价对于预防因规划和建设项目实施后对环境造成不良影响，促进经济、社会和环境的协调发展，具有关键作用。但是，实践中环评造假或者严重失实的现象时有发生。为从源头上有效预防环境污染犯罪，《解释》(2016年)第九条规定，“环境影响评价机构或其人员，故意提供虚假环境影响评价文件，情节严重的，或者严重不负责任，出具的环境影响评价文件存在重大失实，造成严重后果的……以提供虚假证明文件罪或者出具证明文件重大失实罪定罪处罚。”

7. 明确了破坏环境质量监测系统的定性及有关问题。环境监测数据是环境决策的重要基础。个别地方破坏环境质量监测系统，影响监测系统正常运行，欺骗公众，影响政府公信力，甚至误导环境决策，危害严重。鉴于此，《解释》(2016年)第十条规定，“违反国家规定，针对环境质量监测系统实施下列行为，或者强令、指使、授意他人实施下列行为的，应当依照刑法第二百八十六条的规定，以破坏计算机信息系统罪论处：（一）修改参数或者监测数据的；（二）干扰采样，致使监测数据严重失真的；（三）其他破坏环境质量监测系统的行为。”“从事环境监测设施维护、运营的人员实施或者参与实施篡改、伪造自动监测数据、干扰自动监测设施、破坏环境质量监测系统等行为的，应当从重处罚。”

8. 明确了单位实施环境污染相关犯罪的定罪量刑标准。单位实施环境污染相关犯罪，往往具有更大的社会危害性，应当从严惩治。《解释》(2016年)第十一条明确规定，对于单位实施环境污染相关犯罪的，适用与个人犯罪相同的定罪量刑标准。

9. 明确了“有毒物质”的范围和认定问题。《解释》(2016年)第十五条明确将危险废物、持久性有机污染物、含重金属的污染物，以及其他具有毒性，可能污染环境的物质都纳入“有毒物质”的范畴。为便于司法实践准确认定危险废物及其数量，《解释》(2016年)第十三条规定，“对国家危险废物名录所列的废物，可以依据涉案物质的来源、产生过程、被告人供述、证人证言以及经批准或者备案的环境影响评价文件等证据，结合环境保护主管部门、公安机关等出具的书面意见作出认定。”“对于危险废物的数量，可以综合被告人供述，涉案企业的生产工艺、物耗、能耗情况，以及经批准或者备案的环境影响评价文件等证据作出认定。”

10. 明确了监测数据的证据资格。为加强环境保护行政执法与刑事司法之间的有效衔接，统一相关部门认识，根据刑事诉讼法的相关规定，《解释》(2016年)第十二条明确规定，“环境保护主管部门及其所属监测机构在行政执法过程中收集的监测数据，在刑事诉讼中可以作为证据使用。”“公安机关单独或者会同环境保护主管部门，提取污染物样品进行检测获取的数据，在刑事诉讼中作为证据使用。”

《刑法》相关规定

第一百一十四条 【放火罪、决水罪、爆炸罪、投放危险物质罪、以危险方法危害公共安全罪】放火、决水、爆炸以及投放毒害性、放射性、传染病病原体等物质或者以其他危险方法危害公共安全，尚未造成严重后果的，处三年以上十年以下有期徒刑。

第二百二十五条 【非法经营罪】违反国家规定，有下列非法经营行为之一，扰乱市场秩序，情节严重的，处五年以下有期徒刑或者拘役，并处或者单处违法所得一倍以上五倍以下罚金；情节特别严重的，处五年以上有期徒刑，并处违法所得一倍以上五倍以下罚金或者没收财产：

（一）未经许可经营法律、行政法规规定的专营、专卖物品或者其他限制买卖的物品的；

（二）买卖进出口许可证、进出口原产地证明以及其他法律、行政法规规定的经营许可证或者批准文件的；

（三）未经国家有关主管部门批准非法经营证券、期货、保险业务的，或者非法从事资金支付结算业务的；

（四）其他严重扰乱市场秩序的非法经营行为。

第二百二十九条 【提供虚假证明文件罪；出具证明文件重大失实罪】承担资产评估、验资、验证、会计、审计、法律服务等职责的中介组织的人员故意提供虚假证明文件，情节严重的，处五年以下有期徒刑或者拘役，并处罚金。

前款规定的人员，索取他人财物或者非法收受他人财物，犯前款罪的，处五年以上十年以下有期徒刑，并处罚金。

第一款规定的人员，严重不负责任，出具的证明文件有重大失实，造成严重后果的，处三年以下有期徒刑或者拘役，并处或者单处罚金。

第二百三十一条 【单位犯扰乱市场秩序罪的处罚规定】单位犯本节第二百二十一条至第二百三十条规定之罪的，对单位判处罚金，并对其直接负责的主管人员和其他直接责任人员，依照本节各该条的规定处罚。

第二百八十六条 【破坏计算机信息系统罪；网络服务渎职罪】违反国家规定，对计算机信息系统功能进行删除、修改、增加、干扰，造成计算机信息系统不能正常运行，后果严重的，处五年以下有期徒刑或者拘役；后果特别严重的，处五年以上有期徒刑。

违反国家规定，对计算机信息系统中存储、处理或者传输的数据和应用程序进行删除、修改、增加的操作，后果严重的，依照前款的规定处罚。

故意制作，传播计算机病毒等破坏性程序，影响计算机系统正常运行，后果严重的，依照第一款的规定处罚。

单位犯前三款罪的，对单位判处罚金，并对其直接负责的主管人员和其他直接责任人员，依照第一款的规定处罚。

第三百三十八条 【污染环境罪】违反国家规定，排放、倾倒或者处置有放射性的废物、含传染病病原体的废物、有毒物质或者其他有害物质，严重污染环境的，处三年以下有期徒刑或者拘役，并处或者单处罚金；后果特别严重的，处三年以上七年以下有期徒刑，并处罚金。

第三百三十九条 【非法处置进口的固体废物罪；擅自进口固体废物罪；走私固体废物罪】违反国家规定，将境外的固体废物进境倾倒、堆放、处置的，处五年以下有期徒刑

或者拘役，并处罚金；造成重大环境污染事故，致使公私财产遭受重大损失或者严重危害人体健康的，处五年以上十年以下有期徒刑，并处罚金；后果特别严重的，处十年以上有期徒刑，并处罚金。

未经国务院有关主管部门许可，擅自进口固体废物用作原料，造成重大环境污染事故，致使公私财产遭受重大损失或者严重危害人体健康的，处五年以下有期徒刑或者拘役，并处罚金；后果特别严重的，处五年以上十年以下有期徒刑，并处罚金。

以原料利用为名，进口不能用作原料的固体废物、液态废物和气态废物的，依照本法第一百五十二条第二款、第三款的规定定罪处罚。

第三百四十六条　【单位犯破坏环境资源保护罪的处罚规定】单位犯本节第三百三十八条至第三百四十五条规定之罪的，对单位判处罚金，并对其直接负责的主管人员和其他直接责任人员，依照本节各该条的规定处罚。

第四百零八条　【环境监管失职罪；食品监管渎职罪】负有环境保护监督管理职责的国家机关工作人员严重不负责任，导致发生重大环境污染事故，致使公私财产遭受重大损失或者造成人身伤亡的严重后果的，处三年以下有期徒刑或者拘役。

《最高人民法院、最高人民检察院关于办理环境污染刑事案件适用法律若干问题的解释》的亮点

主要内容

《最高人民法院、最高人民检察院关于办理环境污染刑事案件适用法律若干问题的解释》[法释〔2016〕29号，以下简称《解释》(2016年)]自2017年1月1日起开始施行。《解释》(2013年)适用三年半后再次大修，体现了最高司法机关对生态文明建设和环境保护工作的高度重视，彰显了国家运用刑责治污、重拳惩治环境污染犯罪的决心。《解释》(2016年)增加了严重污染环境的情形、严厉打击环境监测数据造假和环评文件造假行为、明确了重污染天气等特殊时期犯罪从重处罚规则、完善了涉危险废物犯罪案件认定规则等。诸多新增或修改的条款解决了环境执法人员办案中的很多难题和困惑，更具实用性和可操作性，将成为环境执法与司法的又一柄利剑，对环境污染犯罪起到强烈震慑作用。

主要亮点

亮点一：严惩环境监测数据造假，有效解决追责难问题

一是明确环境质量监测系统造假构成破坏计算机信息系统罪。环境监测数据是环境管理和环境执法的基础。随着环境质量考核节点的临近，少数环境质量监测站点环境质量监

测受到人为干预的风险加大，部分单位和个人铤而走险，对监测数据“做手脚”，性质十分恶劣，这不仅损害了政府公信力，而且也损害了公众环境知情权。环境质量监测造假以往主要采取行政问责，难以起到有效震慑作用。2016年3月，西安空气监测数据造假案发生后，环保部门积极配合司法机关研究将干扰、破坏环境质量监测系统的行为纳入刑事追究范畴。《解释》(2016年)明确规定，针对环境质量监测系统实施修改参数或者监测数据，干扰采样致使监测数据严重失真，或者有其他破坏环境质量监测系统的行为，或者强令、指使、授意他人实施上述行为的，以破坏计算机信息系统罪论处。这意味着不仅具体实施干扰、破坏环境质量监测数据的人员要受到刑事制裁，那些幕后强令、指使、授意他们实施造假行为的人，尤其是党政领导干部和有关部门工作人员也难逃刑罚制裁，要使造假者和背后指使造假者付出沉重代价，在社会形成强烈震慑作用。

二是针对重点排污单位篡改、伪造自动监测数据或者干扰自动监测设施，排放重点污染物的，依据污染环境罪定罪量刑，同时构成污染环境罪和破坏计算机信息系统罪的，依照处罚较重的规定定罪处罚。《解释》(2016年)增加了四种入刑情形，其中之一就是运用刑罚手段严惩自动监测数据造假。一些企业试图逃避环保部门监管，由“偷排”改为“偷数据”，手段更加隐蔽，危害更加严重，环保部门运用《环境保护法》赋予的新手段，对造假者采取按日计罚、查封扣押、限产停产和移送行政拘留等方式，大幅提升了违法成本。2015年新《环境保护法》实施以来，环保部共向社会通报23起典型违法案件，依法刑事或行政拘留处罚相关责任人35人。此次《解释》（2016年）再添利器，明确企业篡改、伪造自动监测数据排污的构成污染环境罪，无论企业排污状况是超标还是达标，无论企业是否存在严重污染环境的后果。此外，《解释》（2016年）进一步规定，违法行为同时构成污染环境罪和破坏计算机信息系统罪的，在犯罪竞合情况下，适用处罚较重的规定定罪处罚，体现了国家严惩监测数据造假的决心。

三是运用刑罚手段严惩运维方参与数据造假。环境质量监测站点和自动监测设备的运行维护工作专业技术性强，专门的运维单位应当负责环境监测设备的正常运行，保障监测数据的真实准确。但个别运维单位却丧失职业操守，与违法企业或造假人员沆瀣一气，共同造假；有的甚至利用专业技术，翻新造假手段，给企业出歪招，逃避环保部门环境监管。运维方实施或参与造假，性质更加恶劣，危害更加严重，因此，《解释》（2016年）明确规定，从事环境监测设施维护、运营的人员实施或者参与实施篡改、伪造自动监测数据、干扰自动监测设施、破坏环境质量监测系统等行为的，应当酌情从重处罚。

亮点二：对特殊时期违法排放有毒有害物质的污染环境罪从重处罚

《解释》（2016年）增加三个特殊时期从重处罚的情形，规定在重污染天气预警期间、突发环境事件处置期间或者被责令限期整改期间，违反国家规定排放、倾倒、处置有放射性的废物、含传染病病原体的废物、有毒物质或者其他有害

物质的，应当从重处罚。重污染天气的应对应当是在政府的统一协调下，社会各方共同参与。一旦出现重污染天气的预报，环保部会向相关省份通报空气质量预测预报结果，提示各地及时发布相应级别的预警信息，采取预警措施，相关企业应当按照政府预警措施的要求采取限产限排或停产措施。以往企业拒不执行政府限产限排或停产措施，或者违法排污的，环保部门只能给予行政处罚，收效甚微，《解释》(2016 年)是应对重污染天气一个有力的武器，一旦企业拒不执行政府限产限排或停产措施，而且还在重污染天气预警期间违法排放有毒有害物质的，构成污染环境罪的要依法从重处罚。企业在突发环境事件处置期间或者被责令限期整改期间，本应当按照环保部门的要求认真处置或整改，但企业不仅没有好好整改，反而违法排放有毒有害物质的，应当依法追究刑事责任，并且从重处罚。

亮点三：严打涉危险废物犯罪，有效解决难抓源头产废单位问题

经统计，环保部门移送涉嫌环境污染犯罪案件中，约 40% 涉及危险废物非法倾倒。近年来，涉危险废物的犯罪呈现产业化、利用链条长、分工细密、行动隐蔽性强等特点，《解释》(2016 年)从以下四个方面加大对涉危险废物犯罪的惩处力度。

一是增加了非法排放、倾倒、处置危险废物“后果特别严重”情形的认定标准。在《解释》(2013 年)规定的非法排放、

倾倒、处置危险废物三吨以上认定为“严重污染环境”的基础上，《解释》(2016 年) 规定非法排放、倾倒、处置危险废物一百吨以上的认定为“后果特别严重”。这种分层次规定，使得对涉危险废物犯罪的定罪量刑相互对应，如非法倾倒危险废物三吨以上、一百吨以下，对应刑罚中有期徒刑是三年以下的档次；而非法倾倒危险废物一百吨以上，将要面临的刑罚则是三年以上七年以下的有期徒刑。同时以数量一百吨为分界线在实践中比较合理、可行。一般一吨危险废物处置费用为 3 000 ~ 4 000 元，百吨危险废物的非法获利可达数十万元，而消除百吨危险废物造成的环境污染和生态损害所需费用估计高达数百万元。因此，对非法排放、倾倒、处置危险废物数量巨大的，应当依法严惩。

二是明确了具有危险废物经营许可证的企业犯罪从重处罚。《解释》(2016 年) 规定，具有危险废物经营许可证的企业违反国家规定排放、倾倒、处置有放射性的废物、含传染病病原体的废物、有毒物质或者其他有害物质构成犯罪的从重处罚。取得危险废物资质的企业是具备处置危险废物的能力，但在高额利润的诱惑下，个别企业一方面高价、超量超能力收购危险废物，然后将本应该自己处置的危险废物低价转给无经营许可证的单位或个人非法处置，或者偷偷排放、倾倒到隐蔽地点，这种行为非常恶劣，后果非常严重。环保部对青岛新天地固体废物综合处置有限公司违反许可证管理规定行为作出吊销危险废物经营许可证的处罚，当地公安机关对相关责任人刑事拘留，追究刑事责任就是一例。

三是明确了无危险废物经营许可证从事收集、贮存、利用、处置危险废物经营活动的定罪标准。针对基层执法人员

困惑、讨论得最为激烈的问题，即无危险废物经营许可证利用、处置行为是否等同于非法处置，是否必然构成犯罪，《解释》（2016年）给出了明确的回答，解决了困扰已久的问题。本着从实际出发的原则，《解释》(2016年)根据是否具有超标、非法倾倒等环境污染的实际后果来分情况认定。如果无危险废物经营许可证从事经营活动具有违法造成环境污染的情形，则按照污染环境罪定罪处罚；同时构成非法经营罪的，依照处罚较重的规定定罪处罚；如果无危险废物经营许可证从事经营活动的行为，不具有超标排放污染物、非法倾倒污染物或者其他违法造成环境污染的情形，则不认为是犯罪。

四是完善了危险废物性质和数量的认定标准。近年来，环保部门每年向公安机关移送数百起涉危险废物犯罪案件，如果每一起要对危险废物进行鉴定后才能定性的话，不仅行政成本巨大，而且办理时限长，容易贻误移送时机。因此，环保部门期待一种既有法律效力又简便可操作的认定方式。《解释》(2016年)明确了对国家危险废物名录所列的废物，可以依据涉案物质的来源、产生过程、被告人供述、证人证言以及经批准或者备案的环境影响评价文件等证据，结合环境保护主管部门、公安机关等出具的书面意见作出认定。环保部、公安部和最高人民检察院联合制定出台的《环境保护行政执法与刑事司法衔接工作办法》中，进一步细化了认定意见的内容。《办法》规定，环保部门或公安机关依据《国家危险废物名录》或者组织专家研判等得出认定意见的，应载明涉案单位名称、案由、涉案物品识别认定的理由，按照“经认定，……属于/不属于……危险废物，废物代码……”的格式出具结论，加盖公章。

对于危险废物数量的认定，以往只能认定当场查获的危险废物数量，对于行为人偷偷排放或倾倒、未被抓现形的，则无法认定。《解释》(2016年)完善了数量认定规则，提出可以综合被告人供述，涉案企业的生产工艺、物耗、能耗情况，以及经批准或者备案的环境影响评价文件等证据作出认定。在执法中，便于判断产废单位非法处置危废的数量，同时避免了行为人侥幸偷排偷倒的现象，有利于抓源头，切断利益链。

亮点四：加大对大气污染犯罪行为惩处力度，有效解决取证难问题

近年来，涉大气的刑事案件仍然偏少，主要原因是发现难、证据难以固定。《解释》(2016年)转变思路，从企业治污成本和违法所得方面找证据，具有可操作性。从实践来看，有些企业虽然建有污染防治设施，但为减少运行成本，闲置、拆除污染防治设施或者使污染防治设施不正常运行的情况时有发生。此类行为虽然不能直接获取收入，但能减少相应支出，且在一些案件中便于操作。基于此，为进一步增强司法适用可操作性，《解释》(2016年)将“违法减少防治污染设施运行支出一百万元以上的”，“违法所得三十万元以上的”增列为构成污染环境罪的情形之一，使行为人得不偿失。此外，还有重污染天气违法排污从重处罚、篡改或伪造自动监测数据排放二氧化硫或氮氧化物等大气污染物入刑等规定，彰显了国家重拳打击大气污染犯罪的决心。

亮点五：明确重金属的范围，分类管理

《解释》（2013年）将排放铅、汞、镉、铬等重金属超标三倍列为入刑范围。环境执法和司法实践对于该项规定的重金属范围存在不同认识，有的地方认为只有排放含铅、汞、镉、铬四种重金属超标三倍的才入刑，排放其他含重金属物质不受刑事追究；有的地方在司法实践中作扩大解释，已有铜、镍等重金属超标被追刑责的案例。为统一法律适用，基于严厉惩治和有效防范重金属污染犯罪的原则，《解释》（2016年）根据重金属在毒害性上的差异，分为两种情况合理进行规定，排放、倾倒、处置含铅、汞、镉、铬、砷、铊、锑的污染物，超过国家或者地方污染物排放标准三倍以上的构成犯罪；排放、倾倒、处置含镍、铜、锌、银、钒、锰、钴的污染物，超过国家或者地方污染物排放标准十倍以上的构成犯罪。

亮点六：严打环评文件造假，与《中华人民共和国环境影响评价法》有效衔接

环境影响评价是对规划和项目实施后可能造成的环境影响的研判和预估，为环境决策和管理提供了科学依据。然而，有些环评机构编制的环评文件存在“走过场”、质量低劣、滥竽充数，甚至弄虚作假问题。2016年，环保部对黑龙江省风云环境科技咨询有限公司等三家环评机构依法吊销环评资质并罚款处罚，起到一定警示作用。但仅靠吊证和罚款，难以遏制环评造假问题，《解释》（2016年）增加了环境影响评

价机构或其人员刑事责任规定，与《中华人民共和国环境影响评价法》第三十三条吊证和罚款的行政责任相衔接，增强了威慑效果。一是环境影响评价机构或其人员，故意提供虚假环境影响评价文件，情节严重的，以提供虚假证明文件罪定罪处罚。二是环境影响评价机构或其人员，严重不负责任，出具的环境影响评价文件有重大失实，造成严重后果的，以出具证明文件重大失实罪定罪处罚。

亮点七：明确了环境监测数据的证据资格

《解释》(2013 年) 规定："县级以上环境保护部门及其所属监测机构出具的监测数据，经省级以上环境保护部门认可的，可以作为证据使用。"应当指出的是，省级环保部门认可程序的设置，对于确保监测数据的准确性、提升环境污染刑事案件的质量、确保此类案件办理的"不偏不倚"，发挥了重要作用。当然，随着环境污染刑事案件的逐渐增多，监测数据认可程序不能完全适用办案实际需求的现象开始显现；与此同时，环境监测制度改革也在深入推进中。而且，从实际来看，由于采样、监测的情景难以再现，省级环保部门通常只能进行形式审查，程序烦琐，增加了办案成本和时间，因此地方环保部门呼吁取消省级环保部门认可的程序。《解释》(2016 年) 从执法实践和办案效率出发，规定环境保护部门及其所属监测机构在行政执法和查办案件过程中出具的监测数据，在刑事诉讼中可以作为证据使用。这一规定简化了环保部门收集监测报告等证据的工作过程，便于案件快捷地移送公安机关，提高办案效率。

《解释》(2016年)与《解释》(2013年)的对比

《解释》(2016年)共十八条，《解释》(2013年)共十二条。现将其详细对比如下：

第一条

《解释》(2016年)

实施刑法第三百三十八条规定的行为，具有下列情形之一的，应当认定为“严重污染环境”：

(一)在饮用水水源一级保护区、自然保护区核心区排放、倾倒、处置有放射性的废物、含传染病病原体的废物、有毒物质的；

(二)非法排放、倾倒、处置危险废物三吨以上的；

(三)排放、倾倒、处置含铅、汞、镉、铬、砷、铊、锑的污染物，超过国家或者地方污染物排放标准三倍以上的；

(四)排放、倾倒、处置含镍、铜、锌、银、钒、锰、钴的污染物，超过国家或者地方污染物排放标准十倍以上的；

(五)通过暗管、渗井、渗坑、裂隙、溶洞、灌注等逃避监管的方式排放、倾倒、处置有放射性的废物、含传染病病原体的废物、有毒物质的；

(六)二年内曾因违反国家规定，排放、倾倒、处置有放射性的废物、含传染病病原体的废物、有毒物质受过两次以上行政处罚，又实施前列行为的；

（七）重点排污单位篡改、伪造自动监测数据或者干扰自动监测设施，排放化学需氧量、氨氮、二氧化硫、氮氧化物等污染物的；

（八）违法减少防治污染设施运行支出一百万元以上的；

（九）违法所得或者致使公私财产损失三十万元以上的；

（十）造成生态环境严重损害的；

（十一）致使乡镇以上集中式饮用水水源取水中断十二小时以上的；

（十二）致使基本农田、防护林地、特种用途林地五亩以上，其他农用地十亩以上，其他土地二十亩以上基本功能丧失或者遭受永久性破坏的；

（十三）致使森林或者其他林木死亡五十立方米以上，或者幼树死亡二千五百株以上的；

（十四）致使疏散、转移群众五千人以上的；

（十五）致使三十人以上中毒的；

（十六）致使三人以上轻伤、轻度残疾或者器官组织损伤导致一般功能障碍的；

（十七）致使一人以上重伤、中度残疾或者器官组织损伤导致严重功能障碍的；

（十八）其他严重污染环境的情形。

《解释》（2013 年）

实施刑法第三百三十八条规定的行为，具有下列情形之一的，应当认定为“严重污染环境”：

（一）在饮用水水源一级保护区、自然保护区核心区排放、

倾倒、处置有放射性的废物、含传染病病原体的废物、有毒物质的；

（二）非法排放、倾倒、处置危险废物三吨以上的；

（三）非法排放含重金属、持久性有机污染物等严重危害环境、损害人体健康的污染物超过国家污染物排放标准或者省、自治区、直辖市人民政府根据法律授权制定的污染物排放标准三倍以上的；

（四）私设暗管或者利用渗井、渗坑、裂隙、溶洞等排放、倾倒、处置有放射性的废物、含传染病病原体的废物、有毒物质的；

（五）两年内曾因违反国家规定，排放、倾倒、处置有放射性的废物、含传染病病原体的废物、有毒物质受过两次以上行政处罚，又实施前列行为的；

（六）致使乡镇以上集中式饮用水水源取水中断十二小时以上的；

（七）致使基本农田、防护林地、特种用途林地五亩以上，其他农用地十亩以上，其他土地二十亩以上基本功能丧失或者遭受永久性破坏的；

（八）致使森林或者其他林木死亡五十立方米以上，或者幼树死亡二千五百株以上的；

（九）致使公私财产损失三十万元以上的；

（十）致使疏散、转移群众五千人以上的；

（十一）致使三十人以上中毒的；

（十二）致使三人以上轻伤、轻度残疾或者器官组织损伤导致一般功能障碍的；

（十三）致使一人以上重伤、中度残疾或者器官组织损伤导致严重功能障碍的；

（十四）其他严重污染环境的情形。

新旧对比

对比一

调整超标入刑的污染物范围，第一条第三项、第四项明确了超过三倍、十倍入刑的重金属的具体范围

对比二

第一条第五项新增“灌注”方式，扩大了偷排方式界定的范围

对比三

新增第七项、第八项、第十项

对比四

第九项增加“违法所得”

第二条

《解释》（2016年）

实施刑法第三百三十九条、第四百零八条规定的行为，致使公私财产损失三十万元以上，或者具有本解释第一条第十项至第十七项规定情形之一的，应当认定为“致使公私财

产遭受重大损失或者严重危害人体健康”或者“致使公私财产遭受重大损失或者造成人身伤亡的严重后果”。

《解释》（2013年）

实施刑法第三百三十九条、第四百零八条规定的行为，具有本解释第一条第六项至第十三项规定情形之一的，应当认定为“致使公私财产遭受重大损失或者严重危害人体健康”或者“致使公私财产遭受重大损失或者造成人身伤亡的严重后果”。

新旧对比 增加了“造成环境严重损害”这种情形

第三条

《解释》（2016年）

实施刑法第三百三十八条、第三百三十九条规定的行为，具有下列情形之一的，应当认定为“后果特别严重”：

（一）致使县级以上城区集中式饮用水水源取水中断十二小时以上的；

（二）非法排放、倾倒、处置危险废物一百吨以上的；

（三）致使基本农田、防护林地、特种用途林地十五亩以上，其他农用地三十亩以上，其他土地六十亩以上基本功能丧失或者遭受永久性破坏的；

（四）致使森林或者其他林木死亡一百五十立方米以上，或者幼树死亡七千五百株以上的；

（五）致使公私财产损失一百万元以上的；

（六）造成生态环境特别严重损害的；

（七）致使疏散、转移群众一万五千人以上的；

（八）致使一百人以上中毒的；

（九）致使十人以上轻伤、轻度残疾或者器官组织损伤导致一般功能障碍的；

（十）致使三人以上重伤、中度残疾或者器官组织损伤导致严重功能障碍的；

（十一）致使一人以上重伤、中度残疾或者器官组织损伤导致严重功能障碍，并致使五人以上轻伤、轻度残疾或者器官组织损伤导致一般功能障碍的；

（十二）致使一人以上死亡或者重度残疾的；

（十三）其他后果特别严重的情形。

《解释》（2013年）

实施刑法第三百三十八条、第三百三十九条规定的行为，具有下列情形之一的，应当认定为“后果特别严重”：

（一）致使县级以上城区集中式饮用水水源取水中断十二个小时以上的；

（二）致使基本农田、防护林地、特种用途林地十五亩以上，其他农用地三十亩以上，其他土地六十亩以上基本功能丧失或者遭受永久性破坏的；

（三）致使森林或者其他林木死亡一百五十立方米以上，或者幼树死亡七千五百株以上的；

（四）致使公私财产损失一百万元以上的；

（五）致使疏散、转移群众一万五千人以上的；

（六）致使一百人以上中毒的；

（七）致使十人以上轻伤、轻度残疾或者器官组织损伤导致一般功能障碍的；

（八）致使三人以上重伤、中度残疾或者器官组织损伤导致严重功能障碍的；

（九）致使一人以上重伤、中度残疾或者器官组织损伤导致严重功能障碍，并致使五人以上轻伤、轻度残疾或者器官组织损伤导致一般功能障碍的；

（十）致使一人以上死亡或者重度残疾的；

（十一）其他后果特别严重的情形。

新旧对比 增加第二项、第六项

第四条

《解释》（2016年）

实施刑法第三百三十八条、第三百三十九条规定的犯罪行为，具有下列情形之一的，应当从重处罚：

（一）阻挠环境监督检查或者突发环境事件调查，尚不构成妨害公务等犯罪的；

（二）在医院、学校、居民区等人口集中地区及其附近，违反国家规定排放、倾倒、处置有放射性的废物、含传染病病原体的废物、有毒物质或者其他有害物质的；

（三）在重污染天气预警期间、突发环境事件处置期间或者被责令限期整改期间，违反国家规定排放、倾倒、处置有放射性的废物、含传染病病原体的废物、有毒物质或者其他有害物质的；

（四）具有危险废物经营许可证的企业违反国家规定排放、倾倒、处置有放射性的废物、含传染病病原体的废物、有毒物质或者其他有害物质的。

《解释》（2013 年）

实施刑法第三百三十八条、第三百三十九条规定的犯罪行为，具有下列情形之一的，应当酌情从重处罚：

（一）阻挠环境监督检查或者突发环境事件调查的；

（二）闲置、拆除污染防治设施或者使污染防治设施不正常运行的；

（三）在医院、学校、居民区等人口集中地区及其附近，违反国家规定排放、倾倒、处置有放射性的废物、含传染病病原体的废物、有毒物质或者其他有害物质的；

（四）在限期整改期间，违反国家规定排放、倾倒、处置有放射性的废物、含传染病病原体的废物、有毒物质或者其他有害物质的。

实施前款第一项规定的行为，构成妨害公务罪的，以污染环境罪与妨害公务罪数罪并罚。

新旧对比

对比一	第四条第一项合并了旧的第四条第一款第一项和第二款
对比二	第三项增加了“重污染天气预警期间、突发环境事件处置期间”
对比三	新增第四项
对比四	删除了《解释》（2013 年）第二项

第五条

《解释》（2016 年）

实施刑法第三百三十八条、第三百三十九条规定的行为，刚达到应当追究刑事责任的标准，但行为人及时采取措施，防止损失扩大、消除污染、全部赔偿损失、积极修复生态环境，且系初犯，确有悔罪表现的，可以认定为情节轻微，不起诉或者免予刑事处罚；确有必要判处刑罚的，应当从宽处罚。

《解释》（2013 年）

实施刑法第三百三十八条、第三百三十九条规定的犯罪行为，但及时采取措施，防止损失扩大、消除污染，积极赔偿损失的，可以酌情从宽处罚。

新旧对比

对比一	采取措施缓解污染情节细化：由“积极赔偿损失”改为“全部赔偿损失，积极修复生态环境”
对比二	刑罚方面细化：规定了不起诉或免予起诉；将有必要追究刑罚的行为，由“可以酌情从宽处罚”改为“应当从宽处罚”

第六条

《解释》（2016年）

无危险废物经营许可证从事收集、贮存、利用、处置危险废物经营活动，严重污染环境的，按照污染环境罪定罪处罚；同时构成非法经营罪的，依照处罚较重的规定定罪处罚。

实施前款规定的行为，不具有超标排放污染物、非法倾倒污染物或者其他违法造成环境污染的情形的，可以认定为非法经营情节显著轻微危害不大，不认为是犯罪；构成生产、销售伪劣产品等其他犯罪的，以其他犯罪论处。

新增条款

第七条

《解释》（2016年）

明知他人无危险废物经营许可证，向其提供或者委托其

收集、贮存、利用、处置危险废物，严重污染环境的，以共同犯罪论处。

《解释》（2013 年）

行为人明知他人无经营许可证或者超出经营许可范围，向其提供或者委托其收集、贮存、利用、处置危险废物，严重污染环境的，以污染环境罪的共同犯罪论处。

新旧对比

对比一	删除“超出经营许可范围”，在第十七条明确无危险废物经营许可证，包括超出危险废物经营许可证的经营范围
对比二	不限于构成“污染环境罪”的共同犯罪

第八条

《解释》（2016 年）

违反国家规定，排放、倾倒、处置含有毒害性、放射性、传染病病原体等物质的污染物，同时构成污染环境罪、非法处置进口的固体废物罪、投放危险物质罪等犯罪的，依照处罚较重的规定定罪处罚。

新旧内容无变化

第九条

《解释》（2016 年）

环境影响评价机构或其人员，故意提供虚假环境影响评价文件，情节严重的，或者严重不负责任，出具的环境影响评价文件存在重大失实，造成严重后果的，应当依照刑法第二百二十九条、第二百三十一条的规定，以提供虚假证明文件罪或者出具证明文件重大失实罪定罪处罚。

新增条款

第十条

《解释》（2016 年）

违反国家规定，针对环境质量监测系统实施下列行为，或者强令、指使、授意他人实施下列行为的，应当依照刑法第二百八十六条的规定，以破坏计算机信息系统罪论处：

（一）修改参数或者监测数据的；

（二）干扰采样，致使监测数据严重失真的；

（三）其他破坏环境质量监测系统的行为。

重点排污单位篡改、伪造自动监测数据或者干扰自动监测设施，排放化学需氧量、氨氮、二氧化硫、氮氧化物等污染物，同时构成污染环境罪和破坏计算机信息系统罪的，依照处罚较重的规定定罪处罚。

从事环境监测设施维护、运营的人员实施或者参与实施篡改、伪造自动监测数据、干扰自动监测设施、破坏环境质量监测系统等行为的，应当从重处罚。

新增条款

第十一条

《解释》（2016 年）

单位实施本解释规定的犯罪的，依照本解释规定的定罪量刑标准，对直接负责的主管人员和其他直接责任人员定罪处罚，并对单位判处罚金。

《解释》（2013 年）（第六条）

单位犯刑法第三百三十八条、第三百三十九条规定之罪的，依照本解释规定的相应个人犯罪的定罪量刑标准，对直接负责的主管人员和其他直接责任人员定罪处罚，并对单位判处罚金。

新旧对比

进一步明确单位实施环境污染相关犯罪的定罪量刑标准

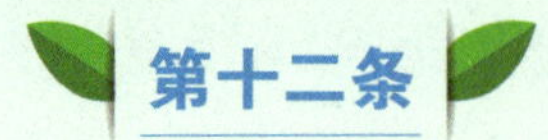

第十二条

《解释》（2016年）

环境保护主管部门及其所属监测机构在行政执法过程中收集的监测数据，在刑事诉讼中可以作为证据使用。

公安机关单独或者会同环境保护主管部门，提取污染物样品进行检测获取的数据，在刑事诉讼中可以作为证据使用。

《解释》（2013年）（第十一条）

对案件所涉的环境污染专门性问题难以确定的，由司法鉴定机构出具鉴定意见，或者由国务院环境保护部门指定的机构出具检验报告。

县级以上环境保护部门及其所属监测机构出具的监测数据，经省级以上环境保护部门认可的，可以作为证据使用。

新旧对比

是对《解释》（2013年）的第十一条第二款的调整和补充

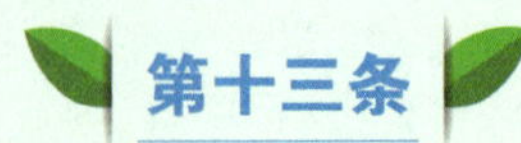

第十三条

《解释》（2016年）

对国家危险废物名录所列的废物，可以依据涉案物质的来源、产生过程、被告人供述、证人证言以及经批准或者备案的环境影响评价文件等证据，结合环境保护主管部门、公安机关等出具的书面意见作出认定。

对于危险废物的数量，可以综合被告人供述，涉案企业的生产工艺、物耗、能耗情况，以及经批准或者备案的环境影响评价文件等证据作出认定。

新增条款

第十四条

《解释》(2016 年)

对案件所涉的环境污染专门性问题难以确定的，依据司法鉴定机构出具的鉴定意见，或者国务院环境保护主管部门、公安部门指定的机构出具的报告，结合其他证据作出认定。

《解释》(2013 年)(第十一条)

对案件所涉的环境污染专门性问题难以确定的，由司法鉴定机构出具鉴定意见，或者由国务院环境保护部门指定的机构出具检验报告。

县级以上环境保护部门及其所属监测机构出具的监测数据，经省级以上环境保护部门认可的，可以作为证据使用。

新旧对比

是对《解释》（2013 年）的第十一条第一款的补充，增加了公安部作为指定检验机构的主体，并进一步完善了条文表述

第十五条

《解释》（2016 年）

下列物质应当认定为刑法第三百三十八条规定的“有毒物质”：

（一）危险废物，是指列入国家危险废物名录，或者根据国家规定的危险废物鉴别标准和鉴别方法认定的，具有危险特性的废物；

（二）《关于持久性有机污染物的斯德哥尔摩公约》附件所列物质；

（三）含重金属的污染物；

（四）其他具有毒性，可能污染环境的物质。

《解释》（2013 年）（第十条）

下列物质应当认定为“有毒物质”：

（一）危险废物，包括列入国家危险废物名录的废物，以及根据国家规定的危险废物鉴别标准和鉴别方法认定的具有危险特性的废物；

（二）剧毒化学品、列入重点环境管理危险化学品名录的化学品，以及含有上述化学品的物质；

（三）含有铅、汞、镉、铬等重金属的物质；

（四）《关于持久性有机污染物的斯德哥尔摩公约》附件所列物质；

（五）其他具有毒性，可能污染环境的物质。

新旧对比

对比一 删除了《解释》(2013年)第二项涉及化学品的规定(均可纳入危险废物之中)

对比二 重金属范围进一步明确

对比三 在表述上将“物质”改为“污染物”,更为精确

第十六条

《解释》(2016年)

无危险废物经营许可证,以营利为目的,从危险废物中提取物质作为原材料或者燃料,并具有超标排放污染物、非法倾倒污染物或者其他违法造成环境污染的情形的行为,应当认定为“非法处置危险废物”。

新增条款

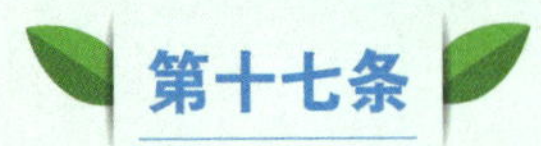

第十七条

《解释》（2016年）

本解释所称“二年内”，以第一次违法行为受到行政处罚的生效之日与又实施相应行为之日的时间间隔计算确定。

本解释所称“重点排污单位”，是指设区的市级以上人民政府环境保护主管部门依法确定的应当安装、使用污染物排放自动监测设备的重点监控企业及其他单位。

本解释所称“违法所得”，是指实施刑法第三百三十八条、第三百三十九条规定的行为所得和可得的全部违法收入。

本解释所称“公私财产损失”，包括实施刑法第三百三十八条、第三百三十九条规定的行为直接造成财产损毁、减少的实际价值，为防止污染扩大、消除污染而采取必要合理措施所产生的费用，以及处置突发环境事件的应急监测费用。

本解释所称“生态环境损害”，包括生态环境修复费用，生态环境修复期间服务功能的损失和生态环境功能永久性损害造成的损失，以及其他必要合理费用。

本解释所称“无危险废物经营许可证”，是指未取得危险废物经营许可证，或者超出危险废物经营许可证的经营范围。

《解释》（2013年）（第九条）

本解释所称“公私财产损失”，包括污染环境行为直接造成财产损毁、减少的实际价值，以及为防止污染扩大、消除污染而采取必要合理措施所产生的费用。

新旧对比

对比一 新增多个术语的解释，如：二年内、重点排污单位、违法所得、生态环境损害、无危险废物许可证

对比二 扩大了“公私财产损失”的计算范围，增加了“处置突发环境事件的应急监测费用”

第十八条

《解释》（2016年）

本解释自2017年1月1日起施行。本解释施行后，《最高人民法院、最高人民检察院关于办理环境污染刑事案件适用法律若干问题的解释》（法释〔2013〕15号）同时废止；之前发布的司法解释与本解释不一致的，以本解释为准。

《解释》（2013年）（第十二条）

本解释发布实施后，《最高人民法院关于审理环境污染刑事案件具体应用法律若干问题的解释》（法释〔2006〕4号）同时废止；之前发布的司法解释和规范性文件与本解释不一致的，以本解释为准。

THE PART TWO

第二部分

最高人民法院　最高人民检察院　公安部　司法部　生态环境部《关于办理环境污染刑事案件有关问题座谈会纪要》

最高人民法院 最高人民检察院 公安部 司法部 生态环境部印发《关于办理环境污染刑事案件有关问题座谈会纪要》的通知

高检会〔2019〕3号

各省、自治区、直辖市高级人民法院、人民检察院、公安厅（局）、司法厅（局）、生态环境厅（局），解放军军事法院、解放军军事检察院，新疆维吾尔自治区高级人民法院生产建设兵团分院，新疆生产建设兵团人民检察院、公安局、司法局、环境保护局：

为深入学习贯彻习近平生态文明思想，认真落实党中央重大决策部署和全国人大常委会决议要求，全力参与和服务保障打好污染防治攻坚战，推进生态文明建设，形成各部门依法惩治环境污染犯罪的合力，2018年12月，最高人民法院、最高人民检察院、公安部、司法部、生态环境部在北京联合召开座谈会。会议交流了当前办理环境污染刑事案件的工作情况，分析了遇到的突出困难和问题，研究了解决措施，对办理环境污染刑事案件中的有关问题形成了统一认识。现将会议纪要印发，请认真组织学习，并在工作中遵照执行。执行中遇到的重大问题，请及时向最高人民法院、最高人民检察院、公安部、司法部、生态环境部请示报告。

最高人民法院 最高人民检察院
公安部 司法部 生态环境部
2019年2月20日

最高人民法院　最高人民检察院　公安部　司法部
生态环境部关于办理环境污染刑事案件
有关问题座谈会纪要

2018年6月16日，中共中央、国务院发布《关于全面加强生态环境保护坚决打好污染防治攻坚战的意见》。7月10日，全国人民代表大会常务委员会通过了《关于全面加强生态环境保护依法推动打好污染防治攻坚战的决议》。为深入学习贯彻习近平生态文明思想，认真落实党中央重大决策部署和全国人大常委会决议要求，全力参与和服务保障打好污染防治攻坚战，推进生态文明建设，形成各部门依法惩治环境污染犯罪的合力，2018年12月，最高人民法院、最高人民检察院、公安部、司法部、生态环境部在北京联合召开座谈会。会议交流了当前办理环境污染刑事案件的工作情况，分析了遇到的突出困难和问题，研究了解决措施。会议对办理环境污染刑事案件中的有关问题形成了统一认识。纪要如下：

一

会议指出，2018年5月18日至19日，全国生态环境保护大会在北京胜利召开，习近平总书记出席会议并发表重要讲话，着眼人民福祉和民族未来，从党和国家事业发展全局出发，全面总结党的十八大以来我国生态文明建设和生态

环境保护工作取得的历史性成就、发生的历史性变革，深刻阐述加强生态文明建设的重大意义，明确提出加强生态文明建设必须坚持的重要原则，对加强生态环境保护、打好污染防治攻坚战作出了全面部署。这次大会最大的亮点，就是确立了习近平生态文明思想。习近平生态文明思想站在坚持和发展中国特色社会主义、实现中华民族伟大复兴中国梦的战略高度，把生态文明建设摆在治国理政的突出位置，作为统筹推进“五位一体”总体布局和协调推进“四个全面”战略布局的重要内容，深刻回答了为什么建设生态文明、建设什么样的生态文明、怎样建设生态文明的重大理论和实践问题，是习近平新时代中国特色社会主义思想的重要组成部分。各部门要认真学习、深刻领会、全面贯彻习近平生态文明思想，将其作为生态环境行政执法和司法办案的行动指南和根本遵循，为守护绿水青山蓝天、建设美丽中国提供有力保障。

会议强调，打好防范化解重大风险、精准脱贫、污染防治的攻坚战，是以习近平同志为核心的党中央深刻分析国际国内形势，着眼党和国家事业发展全局作出的重大战略部署，对于夺取全面建成小康社会伟大胜利、开启全面建设社会主义现代化强国新征程具有重大的现实意义和深远的历史意义。服从服务党和国家工作大局，充分发挥职能作用，努力为打好打赢三大攻坚战提供优质法治环境和司法保障，是当前和今后一个时期人民法院、人民检察院、公安机关、司法行政机关、生态环境部门的重点任务。

会议指出，2018年12月19日至21日召开的中央经济工作会议要求，打好污染防治攻坚战，要坚守阵地、巩固成果，聚焦做好打赢蓝天保卫战等工作，加大工作和投入力度，同时要统筹兼顾，避免处置措施简单粗暴。各部门要认真领会会议精神，紧密结合实际，强化政治意识、大局意识和责任担当，以加大办理环境污染刑事案件工作力度作为切入点和着力点，主动调整工作思路，积极谋划工作举措，既要全面履职、积极作为，又要综合施策、精准发力，保障污染防治攻坚战顺利推进。

二

会议要求，各部门要正确理解和准确适用刑法和《最高人民法院、最高人民检察院关于办理环境污染刑事案件适用法律若干问题的解释》（法释〔2016〕29号，以下简称《环境解释》）的规定，坚持最严格的环保司法制度、最严密的环保法治理念，统一执法司法尺度，加大对环境污染犯罪的惩治力度。

1. 关于单位犯罪的认定

会议针对一些地方存在追究自然人犯罪多，追究单位犯罪少，单位犯罪认定难的情况和问题进行了讨论。会议认为，办理环境污染犯罪案件，认定单位犯罪时，应当依法合理把握追究刑事责任的范围，贯彻宽严相济刑事政策，重点打击出资者、经营者和主要获利者，既要防止不当缩小追究刑事责任的人员范围，又要防止打击面过大。

为了单位利益，实施环境污染行为，并具有下列情形之一的，应当认定为单位犯罪：（1）经单位决策机构按照决策程序决定的；（2）经单位实际控制人、主要负责人或者授权的分管负责人决定、同意的；（3）单位实际控制人、主要负

责人或者授权的分管负责人得知单位成员个人实施环境污染犯罪行为，并未加以制止或者及时采取措施，而是予以追认、纵容或者默许的；（4）使用单位营业执照、合同书、公章、印鉴等对外开展活动，并调用单位车辆、船舶、生产设备、原辅材料等实施环境污染犯罪行为的。

单位犯罪中的“直接负责的主管人员”，一般是指对单位犯罪起决定、批准、组织、策划、指挥、授意、纵容等作用的主管人员，包括单位实际控制人、主要负责人或者授权的分管负责人、高级管理人员等；“其他直接责任人员”，一般是指在直接负责的主管人员的指挥、授意下积极参与实施单位犯罪或者对具体实施单位犯罪起较大作用的人员。

对于应当认定为单位犯罪的环境污染犯罪案件，公安机关未作为单位犯罪移送审查起诉的，人民检察院应当退回公安机关补充侦查。对于应当认定为单位犯罪的环境污染犯罪案件，人民检察院只作为自然人犯罪起诉的，人民法院应当建议人民检察院对犯罪单位补充起诉。

2. 关于犯罪未遂的认定

会议针对当前办理环境污染犯罪案件中，能否认定污染

环境罪（未遂）的问题进行了讨论。会议认为，当前环境执法工作形势比较严峻，一些行为人拒不配合执法检查、接受检查时弄虚作假、故意逃避法律追究的情形时有发生，因此对于行为人已经着手实施非法排放、倾倒、处置有毒有害污染物的行为，由于有关部门查处或者其他意志以外的原因未得逞的情形，可以污染环境罪（未遂）追究刑事责任。

3. 关于主观过错的认定

会议针对当前办理环境污染犯罪案件中，如何准确认定犯罪嫌疑人、被告人主观过错的问题进行了讨论。会议认为，判断犯罪嫌疑人、被告人是否具有环境污染犯罪的故意，应当依据犯罪嫌疑人、被告人的任职情况、职业经历、专业背景、培训经历、本人因同类行为受到行政处罚或者刑事追究情况以及污染物种类、污染方式、资金流向等证据，结合其供述，进行综合分析判断。

实践中，具有下列情形之一，犯罪嫌疑人、被告人不能作出合理解释的，可以认定其故意实施环境污染犯罪，但有证据证明确系不知情的除外：（1）企业没有依法通过环境影响评价，或者未依法取得排污许可证，排放污染物，或者已经通过环境影响评价并且防治污染设施验收合格后，擅自更改工艺流程、原辅材料，导致产生新的污染物质的；（2）不使用验收合格的防治污染设施或者不按规范要求使用的；（3）防治污染设施发生故障，发现后不及时排除，继续生产放任污染物排放的；（4）生态环境部门责令限制生产、停产整治或者予以行政处罚后，继续生产放任污染物排放的；（5）将危险废物委托第三方处置，没有尽到查验经营许可的义务，或者委托处置费用明显低于市场价格或者

处置成本的；（6）通过暗管、渗井、渗坑、裂隙、溶洞、灌注等逃避监管的方式排放污染物的；（7）通过篡改、伪造监测数据的方式排放污染物的；（8）其他足以认定的情形。

4. 关于生态环境损害标准的认定

会议针对如何适用《环境解释》第一条、第三条规定的“造成生态环境严重损害的”“造成生态环境特别严重损害的”定罪量刑标准进行了讨论。会议指出，生态环境损害赔偿制度是生态文明制度体系的重要组成部分。党中央、国务院高度重视生态环境损害赔偿工作，党的十八届三中全会明确提出对造成生态环境损害的责任者严格实行赔偿制度。2015年，中共中央办公厅、国务院办公厅印发《生态环境损害赔偿制度改革试点方案》（中办发〔2015〕57号），在吉林等7个省市部署开展改革试点，取得明显成效。2017年，中共中央办公厅、国务院办公厅印发《生态环境损害赔偿制度改革方案》（中办发〔2017〕68号），在全国范围内试行生态环境损害赔偿制度。

会议指出，《环境解释》将造成生态环境损害规定为污染环境罪的定罪量刑标准之一，是为了与生态环境损害赔偿制度实现衔接配套，考虑到该制度尚在试行过程中，《环境解释》作了较原则的规定。在司法实践中，一些省市结合本地区工作实际制定了具体标准。会议认为，在生态环境损害赔偿制度试行阶段，全国各省（自治区、直辖市）可以结合本地实际情况，因地制宜，因时制宜，根据案件具体情况准确认定“造成生态环境严重损害”和“造成生态环境特别严重损害”。

5. 关于非法经营罪的适用

会议针对如何把握非法经营罪与污染环境罪的关系以及如何具体适用非法经营罪的问题进行了讨论。会议强调，要高度重视非法经营危险废物案件的办理，坚持全链条、全环节、全流程对非法排放、倾倒、处置、经营危险废物的产业链进行刑事打击，查清犯罪网络，深挖犯罪源头，斩断利益链条，不断挤压和铲除此类犯罪滋生蔓延的空间。

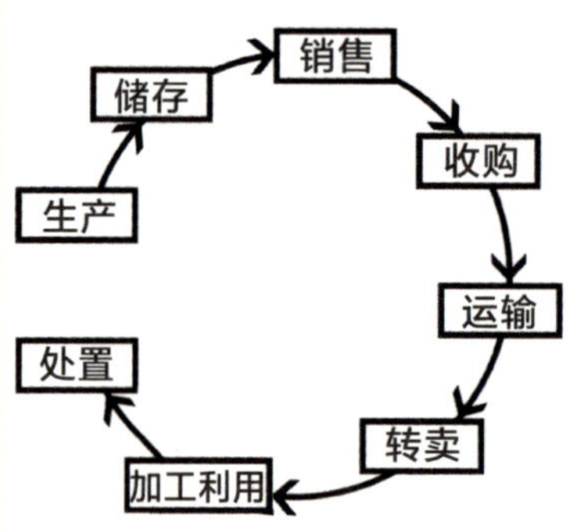

会议认为，准确理解和适用《环境解释》第六条的规定应当注意把握两个原则：一要坚持实质判断原则，对行为人非法经营危险废物行为的社会危害性作实质性判断。比如，一些单位或者个人虽未依法取得危险废物经营许可证，但其收集、贮存、利用、处置危险废物经营活动，没有超标排放污染物、非法倾倒污染物或者其他违法造成环境污染情形的，则不宜以非法经营罪论处。二要坚持综合判断原则，对行为人非法经营危险废物行为根据其在犯罪链条中的地位、作用综合判断其社会危害性。比如，有证据证明单位或者个人的无证经营危险废物行为属于危险废物非法经营产业链的一部分，并且已经形成了分工负责、利益均沾、相对固定的犯罪

链条，如果行为人或者与其联系紧密的上游或者下游环节具有排放、倾倒、处置危险废物违法造成环境污染的情形，且交易价格明显异常的，对行为人可以根据案件具体情况在污染环境罪和非法经营罪中，择一重罪处断。

6. 关于投放危险物质罪的适用

会议强调，目前我国一些地方环境违法犯罪活动高发多发，刑事处罚威慑力不强的问题仍然突出，现阶段在办理环境污染犯罪案件时必须坚决贯彻落实中央领导同志关于重典治理污染的指示精神，把刑法和《环境解释》的规定用足用好，形成对环境污染违法犯罪的强大震慑。

会议认为，司法实践中对环境污染行为适用投放危险物质罪追究刑事责任时，应当重点审查判断行为人的主观恶性、污染行为恶劣程度、污染物的毒害性危险性、污染持续时间、污染结果是否可逆、是否对公共安全造成现实、具体、明确的危险或者危害等各方面因素。对于行为人明知其排放、倾倒、处置的污染物含有毒害性、放射性、传染病病原体等危险物质，仍实施环境污染行为放任其危害公共安全，造成重大人员伤亡、重大公私财产损失等严重后果，以污染环境罪论处明显不足以罚当其罪的，可以按投放危险物质罪定罪量刑。实践中，此类情形主要是向饮用水水源保护区，饮用水供水单位取水口和出水口，南水北调水库、干渠、涵洞等配套工程，重要渔业水体以及自然保护区核心区等特殊保护区域，排放、倾倒、处置毒害性极强的污染物，危害公共安全并造成严重后果的情形。

7. 关于涉大气污染环境犯罪的处理

会议针对涉大气污染环境犯罪的打击处理问题进行了讨论。会议强调，打赢蓝天保卫战是打好污染防治攻坚战的重中之重。各级人民法院、人民检察院、公安机关、生态环境部门要认真分析研究全国人大常委会大气污染防治法执法检查发现的问题和提出的建议，不断加大对涉大气污染环境犯罪的打击力度，毫不动摇地以法律武器治理污染，用法治力量保卫蓝天，推动解决人民群众关注的突出大气环境问题。

会议认为，司法实践中打击涉大气污染环境犯罪，要抓住关键问题，紧盯薄弱环节，突出打击重点。对重污染天气预警期间，违反国家规定，超标排放二氧化硫、氮氧化物，受过行政处罚后又实施上述行为或者具有其他严重情节的，可以适用《环境解释》第一条第十八项规定的“其他严重污染环境的情形”追究刑事责任。

8. 关于非法排放、倾倒、处置行为的认定

会议针对如何准确认定环境污染犯罪中非法排放、倾倒、处置行为进行了讨论。会议认为，司法实践中认定非法排放、倾倒、处置行为时，应当根据《固体废物污染环境防治法》和《环境解释》的有关规定精神，从其行为方式是否违反国家规定或者行业操作规范、污染物是否与外环境接触、是否造成环境污染的危险或者危害等方面进行综合分析判断。对名为运输、贮存、利用，实为排放、倾倒、处置的行为应当认定为非法排放、倾倒、处置行为，可以依法追究刑事责任。比如，未采取相应防范措施将没有利用价值的危险废物长期贮存、搁置，放任危险废物或者其有毒有害成分大量扬散、流失、泄漏、挥发，污染环境的。

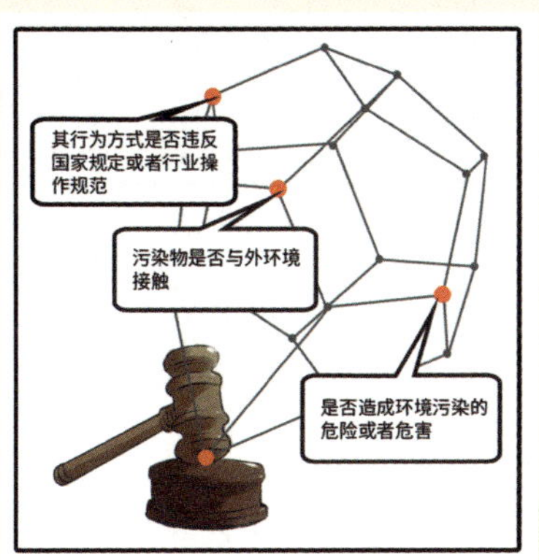

9. 关于有害物质的认定

会议针对如何准确认定刑法第三百三十八条规定的“其他有害物质”的问题进行了讨论。会议认为，办理非法排放、倾倒、处置其他有害物质的案件，应当坚持主客观相一致原则，从行为人的主观恶性、污染行为恶劣程度、有害物质危险性

毒害性等方面进行综合分析判断，准确认定其行为的社会危害性。实践中，常见的有害物质主要有：工业危险废物以外的其他工业固体废物；未经处理的生活垃圾；有害大气污染物、受控消耗臭氧层物质和有害水污染物；在利用和处置过程中必然产生有毒有害物质的其他物质；国务院生态环境保护主管部门会同国务院卫生主管部门公布的有毒有害污染物名录中的有关物质等。

10. 关于从重处罚情形的认定

会议强调，要坚决贯彻党中央推动长江经济带发展的重大决策，为长江经济带共抓大保护、不搞大开发提供有力的司法保障。实践中，对于发生在长江经济带十一省（直辖市）的下列环境污染犯罪行为，可以从重处罚：（1）跨省（直辖市）排放、倾倒、处置有放射性的废物、含传染病病原体的废物、有毒物质或者其他有害物质的；（2）向国家确定的重要江河、湖泊或者其他跨省（直辖市）江河、湖泊排放、倾倒、处置有放射性的废物、含传染病病原体的废物、有毒物质或者其他有害物质的。

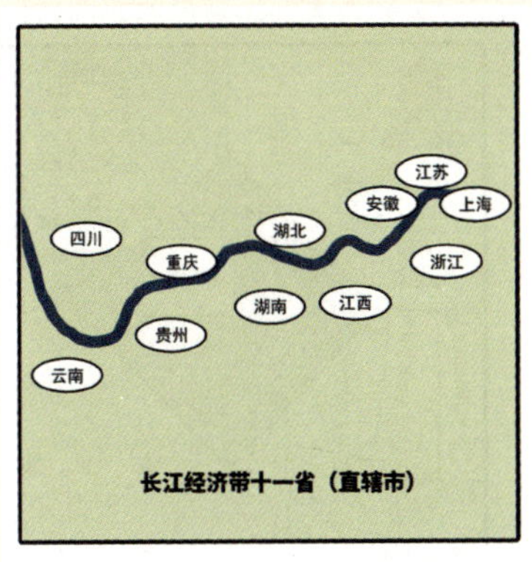

11. 关于严格适用不起诉、缓刑、免予刑事处罚

会议针对当前办理环境污染犯罪案件中如何严格适用不起诉、缓刑、免予刑事处罚的问题进行了讨论。会议强调，环境污染犯罪案件的刑罚适用直接关系加强生态环境保护打好污染防治攻坚战的实际效果。各级人民法院、人民检察院要深刻认识环境污染犯罪的严重社会危害性，正确贯彻宽严相济刑事政策，充分发挥刑罚的惩治和预防功能。要在全面把握犯罪事实和量刑情节的基础上严格依照刑法和刑事诉讼法规定的条件适用不起诉、缓刑、免予刑事处罚，既要考虑从宽情节，又要考虑从严情节；既要做到刑罚与犯罪相当，又要做到刑罚执行方式与犯罪相当，切实避免不起诉、缓刑、免予刑事处罚不当适用造成的消极影响。

会议认为，具有下列情形之一的，一般不适用不起诉、缓刑或者免予刑事处罚：（1）不如实供述罪行的；（2）属于共同犯罪中情节严重的主犯的；（3）犯有数个环境污染犯罪依法实行并罚或者以一罪处理的；（4）曾因环境污染违法犯罪行为受过行政处罚或者刑事处罚的；（5）其他不宜适用不起诉、缓刑、免予刑事处罚的情形。

会议要求，人民法院审理环境污染犯罪案件拟适用缓刑或者免予刑事处罚的，应当分析案发前后的社会影响和反映，注意听取控辩双方提出的意见。对于情节恶劣、社会反映强烈的环境污染犯罪，不得适用缓刑、免予刑事处罚。人民法院对判处缓刑的被告人，一般应当同时宣告禁止令，禁止其在缓刑考验期内从事与排污或者处置危险废物有关的经营活动。生态环境部门根据禁止令，对上述人员担任实际控制人、主要负责人或者高级管理人员的单位，依法不得发放排污许可证或者危险废物经营许可证。

三

会议要求，各部门要认真执行《环境解释》和原环境保护部、公安部、最高人民检察院《环境保护行政执法与刑事司法衔接工作办法》（环环监〔2017〕17号）的有关规定，进一步理顺部门职责，畅通衔接渠道，建立健全环境行政执法与刑事司法衔接的长效工作机制。

12. 关于管辖的问题

会议针对环境污染犯罪案件的管辖问题进行了讨论。会议认为，实践中一些环境污染犯罪案件属于典型的跨区域刑事案件，容易存在管辖不明或者有争议的情况，各级人民法院、人民检察院、公安机关要加强沟通协调，共同研究解决。

会议提出，跨区域环境污染犯罪案件由犯罪地的公安机关管辖。如果由犯罪嫌疑人居住地的公安机关管辖更为适宜的，可以由犯罪嫌疑人居住地的公安机关管辖。犯罪地包括环境污染行为发生地和结果发生地。“环境污染行为发生地”包括环境污染行为的实施地以及预备地、开始地、途经地、结束地以及排放、倾倒污染物的车船停靠地、始发地、途经地、到达地等地点；环境污染行为有连续、持续或者继续状态的，相关地方都属于环境污染行为发生地。“环境污染结果发生地”包括污染物排放地、倾倒地、堆放地、污染发生地等。

多个公安机关都有权立案侦查的，由最初受理的或者主要犯罪地的公安机关立案侦查，管辖有争议的，按照有利于查清犯罪事实、有利于诉讼的原则，由共同的上级公安机关协调确定的公安机关立案侦查，需要提请批准逮捕、移送审查起诉、提起公诉的，由该公安机关所在地的人民检察院、人民法院受理。

13. 关于危险废物的认定

会议针对危险废物如何认定以及是否需要鉴定的问题进行了讨论。会议认为，根据《环境解释》的规定精神，对于列入《国家危险废物名录》的，如果来源和相应特征明确，司法人员根据自身专业技术知识和工作经验认定难度不大的，司法机关可以依据名录直接认定。对于来源和相应特征不明确的，由生态环境部门、公安机关等出具书面意见，司法机关可以依据涉案物质的来源、产生过程、被告人供述、证人证言以及经批准或者备案的环境影响评价文件等证据，结合上述书面意见作出是否属于危险废物的认定。对于需要生态环境部门、公安机关等出具书面认定意见的，区分下列情况分别处理：（1）对已确认固体废物产生单位，且产废单位环评文件中明确为危险废物的，根据产废单位建设项目环评文件和审批、验收意见、案件笔录等材料，可对照《国家危险废物名录》等出具认定意见。（2）对已确认固体废物产生单位，但产废单位环评文件中未明确为危险废物的，应进一步分析废物产生工艺，对照判断其是否列入《国家危险废物名录》。列入名录的可以直接出具认定意见；未列入名录的，应根据原辅材料、产生工艺等进一步分析其是否具有危险特性，不可能具有危险特性的，不属于危险废物；可能具有危险特性的，抽取典型样品进行检测，并根据典型样品检测指标浓度，对照《危险废物鉴别标准》（GB 5085.1—7）出具认定意见。（3）对固体废物产生单位无法确定的，应抽取典型样品进行检测，根据典型样品检测指标浓度，对照《危险废物鉴别标准》（GB 5085.1—7）出具认定意见。对确需进一步委托有相关资质的检测鉴定机构进行检测鉴定的，生态环境部门或者公安机关按照有关规定开展检测鉴定工作。

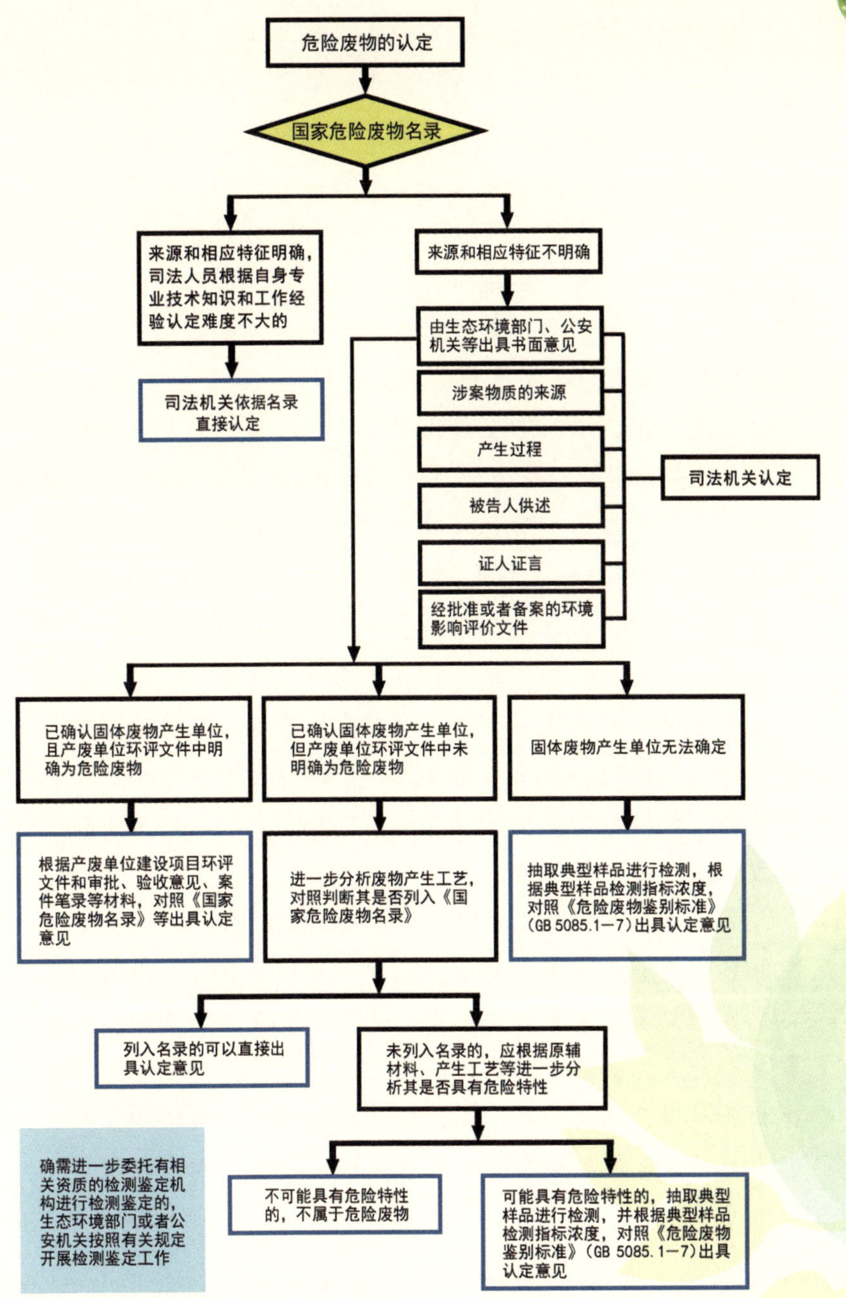
危险废物的认定
国家危险废物名录
来源和相应特征明确，司法人员根据自身专业技术知识和工作经验认定难度不大的
司法机关依据名录直接认定
来源和相应特征不明确
由生态环境部门、公安机关等出具书面意见
涉案物质的来源
产生过程
被告人供述
证人证言
经批准或者备案的环境影响评价文件
司法机关认定
已确认固体废物产生单位，且产废单位环评文件中明确为危险废物
已确认固体废物产生单位，但产废单位环评文件中未明确为危险废物
固体废物产生单位无法确定
根据产废单位建设项目环评文件和审批、验收意见、案件笔录等材料，对照《国家危险废物名录》等出具认定意见
进一步分析废物产生工艺，对照判断其是否列入《国家危险废物名录》
抽取典型样品进行检测，根据典型样品检测指标浓度，对照《危险废物鉴别标准》(GB 5085.1—7)出具认定意见
列入名录的可以直接出具认定意见
未列入名录的，应根据原辅材料、产生工艺等进一步分析其是否具有危险特性
确需进一步委托有相关资质的检测鉴定机构进行检测鉴定的，生态环境部门或者公安机关按照有关规定开展检测鉴定工作
不可能具有危险特性的，不属于危险废物
可能具有危险特性的，抽取典型样品进行检测，并根据典型样品检测指标浓度，对照《危险废物鉴别标准》(GB 5085.1—7)出具认定意见

14. 关于鉴定的问题

会议指出，针对当前办理环境污染犯罪案件中存在的司法鉴定有关问题，司法部将会同生态环境部，加快准入一批诉讼急需、社会关注的环境损害司法鉴定机构，加快对环境损害司法鉴定相关技术规范和标准的制定、修改和认定工作，规范鉴定程序，指导各地司法行政机关会同价格主管部门制定出台环境损害司法鉴定收费标准，加强与办案机关的沟通衔接，更好地满足办案机关需求。

会议要求，司法部应当根据《关于严格准入严格监管提高司法鉴定质量和公信力的意见》（司发〔2017〕11号）的要求，会同生态环境部加强对环境损害司法鉴定机构的事中事后监管，加强司法鉴定社会信用体系建设，建立黑名单制度，完善退出机制，及时向社会公开违法违规的环境损害司法鉴定机构和鉴定人行政处罚、行业惩戒等监管信息，对弄虚作假造成环境损害鉴定评估结论严重失实或者违规收取高额费用、情节严重的，依法撤销登记。鼓励有关单位或者个人向司法部、生态环境部举报环境损害司法鉴定机构的违法违规行为。

会议认为，根据《环境解释》的规定精神，对涉及案件定罪量刑的核心或者关键专门性问题难以确定的，由司法鉴定机构出具鉴定意见。实践中，这类核心或者关键专门性问题主要是案件具体适用的定罪量刑标准涉及的专门性问题，比如公私财产损失数额、超过排放标准倍数、污染物性质判断等。对案件的其他非核心或者关键专门性问题，或者可鉴定也可不鉴定的专门性问题，一般不委托鉴定。比如，适用《环境解释》第一条第二项“非法排放、倾倒、处置危险废物三吨以上”的规定对当事人追究刑事责任的，除可能适用公私财产损失第二档定罪量刑标准的以外，则不应再对公私财产损失数额或者超过排放标准倍数进行鉴定。涉及案件定罪量刑的核心或者关键专门性问题难以鉴定或者鉴定费用明显过高的，司法机关可以结合案件其他证据，并参考生态环境部门意见、专家意见等作出认定。

15. 关于监测数据的证据资格问题

会议针对实践中地方生态环境部门及其所属监测机构委托第三方监测机构出具报告的证据资格问题进行了讨论。会议认为，地方生态环境部门及其所属监测机构委托第三方监测机构出具的监测报告，地方生态环境部门及其所属监测机构在行政执法过程中予以采用的，其实质属于《环境解释》第十二条规定的“环境保护主管部门及其所属监测机构在行政执法过程中收集的监测数据”，在刑事诉讼中可以作为证据使用。

《最高人民法院　最高人民检察院　公安部　司法部　生态环境部关于办理环境污染刑事案件有关问题座谈会纪要》解读

为依法惩治环境污染违法犯罪活动，形成各部门打击合力，最高人民检察院会同最高人民法院、公安部、司法部、生态环境部共同研究起草了《关于办理环境污染刑事案件有关问题座谈会纪要》（以下简称《纪要》），于2019年2月20日正式印发。

一、起草背景及过程

2018年5月，全国生态环境保护大会胜利召开，大会确立了习近平生态文明思想。习近平生态文明思想，是习近平新时代中国特色社会主义思想的重要组成部分，深刻回答了建设生态文明的重大理论和实践问题，进一步丰富和发展了马克思主义关于人和自然关系的思想，深化了我们党对社会主义建设规律的认识，为建设美丽中国、实现中华民族永续发展提供了根本遵循。2019年2月，《求是》杂志发表习近平总书记重要文章《推动我国生态文明建设迈上新台阶》。文章强调，新时代推进生态文明建设必须坚持科学自然观、绿色发展观、基本民生观、整体系统观、严密法治观、全球共赢观“六项原则”，深刻体现了习近平生态文明思想的核心要义，也为我们做好新时代生态环境执法司法工作指明了方向。

近年来，最高人民法院、最高人民检察院、公安部、司法部、生态环境部高度重视依法惩治环境污染违法犯罪活动。

2016年“两高”制定出台新的《关于办理环境污染刑事案件适用法律若干问题的解释》，2017年原环境保护部、公安部、最高人民检察院联合印发《环境保护行政执法与刑事司法衔接工作办法》，司法部先后联合“两高”、原环境保护部制发关于规范环境损害司法鉴定的有关规范性文件。上述司法解释和规范性文件，明确了办理环境污染刑事案件的有关法律适用和工作机制问题，发挥了积极作用。随着查办环境污染犯罪案件的增多，地方执法司法机关普遍反映实践中存在着确定管辖难、调查取证难、司法鉴定难、法律适用难等突出问题，建议中央有关部门高度重视并予以解决。

为了解决办理环境污染刑事案件遇到的新情况新问题，统一法律适用，指导司法办案，推进行政执法与刑事司法有效衔接，最高人民检察院会同最高人民法院、公安部、司法部、生态环境部多次联合召开座谈会，交流当前办理环境污染刑事案件的工作情况，分析遇到的突出困难和问题，研究解决措施，对办理环境污染相关案件中的有关问题形成《纪要》稿。2018年11月22日，最高检召开“检察机关加强协作配合服务打好污染防治攻坚战座谈会”，生态环境部、国家发展改革委、司法部、自然资源部等九部委有关负责同志参加会议，就落实中央决策部署、形成打好污染防治攻坚战合力进行了深入交流，并对《纪要》稿提出意见建议。经广泛听取意见，反复研究修改，各部门形成一致认识，《纪要》于2019年2月20日正式印发。

二、《纪要》的基本思路

在《纪要》的研究起草过程中，我们始终注意把握“三个坚持”：

一是坚持以习近平生态文明思想作为指导思想。习近平生态文明思想“六项原则”之一的严密法治观，强调要用最严格制度、最严密法治保护生态环境。我们认真学习、深刻领会习近平生态文明思想，将其作为研究起草《纪要》的指导思想和根本遵循，在《纪要》的具体内容中贯彻了最严格的环保执法司法制度、最严密的环保法治理念，对环境污染犯罪敢于亮剑、绝不手软，对情节恶劣、后果严重的犯罪行为从严打击、从重处罚，把刑法和相关司法解释的规定用足用好，使之真正成为“有牙齿的老虎”，形成对环境污染违法犯罪的强大震慑。

二是坚持全面贯彻落实党中央重大决策部署和全国人大常委会决议要求。在研究起草《纪要》过程中，坚持全面贯彻、逐项落实中共中央、国务院《关于全面加强生态环境保护坚决打好污染防治攻坚战的意见》和全国人大常委会《关于全面加强生态环境保护依法推动打好污染防治攻坚战的决议》要求。比如，对涉大气污染环境犯罪的处理问题作出专门规定，为坚决打赢蓝天保卫战、解决大气污染问题提供有力保障；对污染饮用水水源保护区等特殊保护区域适用投放危险物质罪作出专门规定，为打好碧水保卫战、保障饮用水安全提供法律武器；对有害物质、危险废物的认定问题作出专门规定，为推进净土保卫战、落实土壤污染防治行动计划保驾护航；对长江经济带环境污染行为的从重处罚作出专门规定，全力服务长江经济带共抓大保护、不搞大开发等。

三是坚持问题导向，有针对性地对当前办理环境污染刑事案件中的重点难点问题作出回应和规定。单位犯罪认定、犯罪未遂认定、主观过错认定、严格适用不起诉和缓免刑以及案件管辖、司法鉴定等问题，均是近年来办理环境污染刑事案件中地方执法司法机关反映比较集中、直接影响办案工作开展的具体问题。我们在充分沟通协调、反复研究论证的基础上，对实践中的重点难点问题“把脉会诊”“对症下药”，作出明确具体规定，着力破解实践难题，解决司法办案急需。

三、《纪要》的主要内容

《纪要》分为三部分，共15条。《纪要》第一部分强调各部门要认真学习、深刻领会、全面贯彻习近平生态文明思想，将其作为生态环境行政执法和司法办案的行动指南和根本遵循，为打好打赢污染防治攻坚战提供优质法治环境和司法保障。

《纪要》第二部分强调各部门要坚持最严格的环保执法司法制度、最严密的环保法治理念，统一执法司法尺度，加大对环境污染犯罪的惩治力度，主要包括十一个问题：一是单位犯罪的认定问题。规定了环境污染单位犯罪的认定标准，要求依法合理把握追究刑事责任的范围，重点打击出资者、经营者和主要获利者。二是犯罪未遂的认定问题。规定了可以按污染环境罪（未遂）追究刑事责任的具体情形。三是主观过错的认定问题。明确应当依据犯罪嫌疑人、被告人的任职情况、职业经历、专业背景、培训经历以及污染物种类、污染方式、资金流向等证据，进行综合分析判断。四是生态环境损害标准的认定问题。明确在生态环境损害赔偿制度试行阶段，全国各省（自治区、直辖市）可以结合本地实际情况，根据案件具体情况准确认定生态环境损害标准。五是非法经营罪的适用问题。要求坚持实质判断原则和综合判断原则，全链条、全环节、全流程对非法排放、倾倒、处置、经营危险废物的产业链进行刑事打击，查清犯罪网络，深挖犯罪源头，斩断利益链条。六是投放危险物质罪的适用问题。明确对于行为人明知其排放、倾倒、处置的污染物含有危险物质，仍实施环境污染行为放任其危害公共安全，造成严重后果，以污染环境罪论处明显不足以罚当其罪的，可以按投放危险物质罪定罪量刑。七是涉大气污染环境行为的处理问题。对重污染天气预警期间，违反国家规定，超标排放二氧化硫、氮氧化物，受过行政处罚后又实施上述行为或者具有其他严重情节的，依法追究刑事责任。八是非法排放、倾倒、处置行为的认定问题。明确应当根据法律和司法解释的有关规定精神，从其行为方式是否违反国家规定或者行业操作规范、污染物是否与外环境接触、是否造成环境污染的危险或者危害等方面进行综合分析判断。九是有害物质的认定问题。明确应当坚持主客观相一致原则，从行为人的主观恶性、污染行为恶劣程度、有害物质危险性毒害性等方面进行综合分析判断，准确认定非法排放、倾倒、处置其他有害物质行为的社会危害性。十是从重处罚情形的认定问题。规定了长江经济带十一省(直辖市)环境污染犯罪可以从重处罚的具体情形。十一是严格适用不起诉、缓刑、免予刑事处罚的问题。

《纪要》第三部分强调各部门进一步理顺职责，畅通衔接渠道，建立健全环境行政执法与刑事司法衔接的长效工作机制，主要包括四个问题：一是管辖问题。针对跨区域环境污染案件容易存在管辖不明或者有争议的情况，明确了人民法院、人民检察院、公安机关的管辖原则。二是危险废物的认定问题。针对司法实践中危险废物如何认定以及是否需要鉴定的问题，明确对于列入《国家危险废物名录》的，如果来源和相应特征明确，司法人员根据自身专业技术知识和工作经验认定难度不大的，司法机关可以依据名录直接认定；对于来源和相应特征不明确的，司法机关可以依据相关证据，结合生态环境部门、公安机关等出具的书面意见作出是否属于危险废物的认定。三是鉴定问题。针对办理环境污染刑事案件中的司法鉴定有关问题，提出了具体解决办法。四是规定监测数据的证据资格问题。

四、《纪要》出台的重要意义

《纪要》是2018年5月全国生态环境保护大会胜利召开并确立习近平生态文明思想后，中央有关部门第一次就办理环境污染刑事案件有关问题联合出台的专门文件。一是有利于各部门深刻领会、全面贯彻习近平生态文明思想，将其作为生态环境行政执法和司法办案的行动指南和根本遵循。二是有利于各部门以加大办理环境污染刑事案件力度作为切入点和着力点，主动调整工作思路，积极谋划工作举措。三是有利于各部门进一步统一法律适用和政策把握，依法准确有效惩治环境污染犯罪，形成各部门依法惩治环境污染犯罪的合力。

THE PART THREE

第三部分

配套文件及解读

关于印发《环境保护行政执法与刑事司法衔接工作办法》的通知

环环监〔2017〕17号

各省、自治区、直辖市环境保护厅（局）、公安厅（局）、人民检察院，新疆生产建设兵团环境保护局、公安局、人民检察院：

为进一步健全环境保护行政执法与刑事司法衔接工作机制，依法惩治环境犯罪行为，切实保障公众健康，推进生态文明建设，环境保护部、公安部和最高人民检察院联合研究制定了《环境保护行政执法与刑事司法衔接工作办法》，现予以印发，请遵照执行。

附件：环境保护行政执法与刑事司法衔接工作办法

环境保护部

公安部

最高人民检察院

2017年1月25日

附　件

环境保护行政执法与刑事司法衔接工作办法

第一章　总　则

第一条　为进一步健全环境保护行政执法与刑事司法衔接工作机制，依法惩治环境犯罪行为，切实保障公众健康，推进生态文明建设，依据《刑法》《刑事诉讼法》《环境保护法》《行政执法机关移送涉嫌犯罪案件的规定》（国务院令第310号）等法律、法规及有关规定，制定本办法。

第二条　本办法适用于各级环境保护主管部门（以下简称环保部门）、公安机关和人民检察院办理的涉嫌环境犯罪案件。

第三条　各级环保部门、公安机关和人民检察院应当加强协作，统一法律适用，不断完善线索通报、案件移送、资源共享和信息发布等工作机制。

第四条　人民检察院对环保部门移送涉嫌环境犯罪案件活动和公安机关对移送案件的立案活动，依法实施法律监督。

第二章　案件移送与法律监督

第五条　环保部门在查办环境违法案件过程中，发现涉嫌环境犯罪案件，应当核实情况并作出移送涉嫌环境犯罪案件的书面报告。本机关负责人应当自接到报告之日起3日内作出批准移送或者不批准移送的决定。向公安机关移送的涉嫌环境犯罪案件，应当符合下列条件：

（一）实施行政执法的主体与程序合法。

（二）有合法证据证明有涉嫌环境犯罪的事实发生。

第六条　环保部门移送涉嫌环境犯罪案件，应当自作出

移送决定后24小时内向同级公安机关移交案件材料，并将案件移送书抄送同级人民检察院。

环保部门向公安机关移送涉嫌环境犯罪案件时，应当附下列材料：

（一）案件移送书，载明移送机关名称、涉嫌犯罪罪名及主要依据、案件主办人及联系方式等。案件移送书应当附移送材料清单，并加盖移送机关公章。

（二）案件调查报告，载明案件来源、查获情况、犯罪嫌疑人基本情况、涉嫌犯罪的事实、证据和法律依据、处理建议和法律依据等。

（三）现场检查（勘察）笔录、调查询问笔录、现场勘验图、采样记录单等。

（四）涉案物品清单，载明已查封、扣押等采取行政强制措施的涉案物品名称、数量、特征、存放地等事项，并附采取行政强制措施、现场笔录等表明涉案物品来源的相关材料。

（五）现场照片或者录音录像资料及清单，载明需证明的事实对象、拍摄人、拍摄时间、拍摄地点等。

（六）监测、检验报告、突发环境事件调查报告、认定意见。

（七）其他有关涉嫌犯罪的材料。

对环境违法行为已经作出行政处罚决定的，还应当附行政处罚决定书。

第七条　对环保部门移送的涉嫌环境犯罪案件，公安机关应当依法接受，并立即出具接受案件回执或者在涉嫌环境犯罪案件移送书的回执上签字。

第八条　公安机关审查发现移送的涉嫌环境犯罪案件材料不全的，应当在接受案件的24小时内书面告知移送的环保部门在3日内补正。但不得以材料不全为由，不接受移送案件。

公安机关审查发现移送的涉嫌环境犯罪案件证据不充分的，可以就证明有犯罪事实的相关证据等提出补充调查意见，由移送案件的环保部门补充调查。环保部门应当按照要求补充调查，并及时将调查结果反馈公安机关。因客观条件所限，无法补正的，环保部门应当向公安机关作出书面说明。

第九条　公安机关对环保部门移送的涉嫌环境犯罪案件，应当自接受案件之日起3日内作出立案或者不予立案的决定；涉嫌环境犯罪线索需要查证的，应当自接受案件之日起7日内作出决定；重大疑难复杂案件，经县级以上公安机关负责人批准，可以自受案之日起30日内作出决定。接受案件后对属于公安机关管辖但不属于本公安机关管辖的案件，应当在24小时内移送有管辖权的公安机关，并书面通知移送案件的环保部门，抄送同级人民检察院。对不属于公安机关管辖的，应当在24小时内退回移送案件的环保部门。

公安机关作出立案、不予立案、撤销案件决定的，应当自作出决定之日起3日内书面通知环保部门，并抄送同级人民检察院。公安机关作出不予立案或者撤销案件决定的，应当书面说明理由，并将案卷材料退回环保部门。

第十条　环保部门应当自接到公安机关立案通知书之日起3日内将涉案物品以及与案件有关的其他材料移交公安机关，并办理交接手续。

涉及查封、扣押物品的，环保部门和公安机关应当密切配合，加强协作，防止涉案物品转移、隐匿、损毁、灭失等情况发生。对具有危险性或者环境危害性的涉案物品，环保部门应当组织临时处理处置，公安机关应当积极协助；对无明确责任人、责任人不具备履行责任能力或者超出部门处置能力的，应当呈报涉案物品所在地政府组织处置。上述处置费用清单随附处置合同、缴费凭证等作为犯罪获利的证据，及时补充移送公安机关。

第十一条 环保部门认为公安机关不予立案决定不当的，可以自接到不予立案通知书之日起3个工作日内向作出决定的公安机关申请复议，公安机关应当自收到复议申请之日起3个工作日内作出立案或者不予立案的复议决定，并书面通知环保部门。

第十二条 环保部门对公安机关逾期未作出是否立案决定、以及对不予立案决定、复议决定、立案后撤销案件决定有异议的，应当建议人民检察院进行立案监督。人民检察院应当受理并进行审查。

第十三条 环保部门建议人民检察院进行立案监督的案件，应当提供立案监督建议书、相关案件材料，并附公安机关不予立案、立案后撤销案件决定及说明理由材料，复议维持不予立案决定材料或者公安机关逾期未作出是否立案决定的材料。

第十四条 人民检察院发现环保部门不移送涉嫌环境犯罪案件的，可以派员查询、调阅有关案件材料，认为涉嫌环境犯罪应当移送的，应当提出建议移送的检察意见。环保部门应当自收到检察意见后3日内将案件移送公安机关，并将执行情况通知人民检察院。

第十五条 人民检察院发现公安机关可能存在应当立案而不立案或者逾期未作出是否立案决定的，应当启动立案监督程序。

第十六条 环保部门向公安机关移送涉嫌环境犯罪案件，已作出的警告、责令停产停业、暂扣或者吊销许可证的行政处罚决定，不停止执行。未作出行政处罚决定的，原则上应当在公安机关决定不予立案或者撤销案件、人民检察院作出不起诉决定、人民法院作出无罪判决或者免予刑事处罚后，再决定是否给予行政处罚。涉嫌犯罪案件的移送办理期间，不计入行政处罚期限。

对尚未作出生效裁判的案件，环保部门依法应当给予或者提请人民政府给予暂扣或者吊销许可证、责令停产停业等行政处罚，需要配合的，公安机关、人民检察院应当给予配合。

第十七条 公安机关对涉嫌环境犯罪案件，经审查没有犯罪事实，或者立案侦查后认为犯罪事实显著轻微、不需要追究刑事责任，但经审查依法应当予以行政处罚的，应当及时将案件移交环保部门，并抄送同级人民检察院。

第十八条 人民检察院对符合逮捕、起诉条件的环境犯罪嫌疑人，应当及时批准逮捕、提起公诉。人民检察院对决定不起诉的案件，应当自作出决定之日起3日内，书面告知移送案件的环保部门，认为应当给予行政处罚的，可以提出予以行政处罚的检察意见。

第十九条 人民检察院对公安机关提请批准逮捕的犯罪嫌疑人作出不批准逮捕决定，并通知公安机关补充侦查的，或者人民检察院对公安机关移送审查起诉的案件审查后，认为犯罪事实不清、证据不足，将案件退回补充侦查的，应当制作补充侦查提纲，写明补充侦查的方向和要求。

对退回补充侦查的案件，公安机关应当按照补充侦查提纲的要求，在一个月内补充侦查完毕。公安机关补充侦查和人民检察院自行侦查需要环保部门协助的，环保部门应当予以协助。

第三章 证据的收集与使用

第二十条 环保部门在行政执法和查办案件过程中依法收集制作的物证、书证、视听资料、电子数据、监测报告、检验报告、认定意见、鉴定意见、勘验笔录、检查笔录等证据材料，在刑事诉讼中可以作为证据使用。

第二十一条 环保部门、公安机关、人民检察院收集的证据材料，经法庭查证属实，且收集程序符合有关法律、行政法规规定的，可以作为定案的根据。

第二十二条 环保部门或者公安机关依据《国家危险废物名录》或者组织专家研判等得出认定意见的，应当载明涉案单位名称、案由、涉案物品识别认定的理由，按照“经认定，……属于/不属于……危险废物，废物代码……”的格式出具结论，加盖公章。

第四章 协作机制

第二十三条 环保部门、公安机关和人民检察院应当建立健全环境行政执法与刑事司法衔接的长效工作机制。确定牵头部门及联络人，定期召开联席会议，通报衔接工作情况，研究存在的问题，提出加强部门衔接的对策，协调解决环境执法问题，开展部门联合培训。联席会议应明确议定事项。

第二十四条 环保部门、公安机关、人民检察院应当建立双向案件咨询制度。环保部门对重大疑难复杂案件，可以就刑事案件立案追诉标准、证据的固定和保全等问题咨询公安机关、人民检察院；公安机关、人民检察院可以就案件办理中的专业性问题咨询环保部门。受咨询的机关应当认真研究，及时答复；书面咨询的，应当在7日内书面答复。

第二十五条 公安机关、人民检察院办理涉嫌环境污染犯罪案件，需要环保部门提供环境监测或者技术支持的，环保部门应当按照上述部门刑事案件办理的法定时限要求积极协助，及时提供现场勘验、环境监测及认定意见。所需经费，应当列入本机关的行政经费预算，由同级财政予以保障。

第二十六条 环保部门在执法检查时，发现违法行为明显涉嫌犯罪的，应当及时向公安机关通报。公安机关认为有必要的可以依法开展初查，对符合立案条件的，应当及时依法立案侦查。在公安机关立案侦查前，环保部门应当继续对违法行为进行调查。

第二十七条 环保部门、公安机关应当相互依托“12369”环保举报热线和“110”报警服务平台，建立完善接处警的快速响应和联合调查机制，强化对打击涉嫌环境犯罪的联勤联动。在办案过程中，环保部门、公安机关应当依法及时启动相应的调查程序，分工协作，防止证据灭失。

第二十八条 在联合调查中，环保部门应当重点查明排污者严重污染环境的事实，污染物的排放方式，及时收集、提取、监测、固定污染物种类、浓度、数量、排放去向等。公安机关应当注意控制现场，重点查明相关责任人身份、岗位信息，视情节轻重对直接负责的主管人员和其他责任人员依法采取相应强制措施。两部门均应规范制作笔录，并留存现场摄像或照片。

第二十九条 对案情重大或者复杂疑难案件，公安机关可以听取人民检察院的意见。人民检察院应当及时提出意见和建议。

第三十条 涉及移送的案件在庭审中，需要出庭说明情况的，相关执法或者技术人员有义务出庭说明情况，接受庭审质证。

第三十一条 环保部门、公安机关和人民检察院应当加强对重大案件的联合督办工作，适时对重大案件进行联合挂牌督办，督促案件办理。同时，要逐步建立专家库，吸纳污染防治、重点行业以及环境案件侦办等方面的专家和技术骨干，为查处打击环境污染犯罪案件提供专业支持。

第三十二条 环保部门和公安机关在查办环境污染违法犯罪案件过程中发现包庇纵容、徇私舞弊、贪污受贿、失职渎职等涉嫌职务犯罪行为的，应当及时将线索移送人民检察院。

第五章 信息共享

第三十三条 各级环保部门、公安机关、人民检察院应当积极建设、规范使用行政执法与刑事司法衔接信息共享平台，逐步实现涉嫌环境犯罪案件的网上移送、网上受理和网上监督。

第三十四条 已经接入信息共享平台的环保部门、公安机关、人民检察院，应当自作出相关决定之日起7日内分别录入下列信息：

（一）适用一般程序的环境违法事实、案件行政处罚、案件移送、提请复议和建议人民检察院进行立案监督的信息；

（二）移送涉嫌犯罪案件的立案、不予立案、立案后撤销案件、复议、人民检察院监督立案后的处理情况，以及提请批准逮捕、移送审查起诉的信息；

（三）监督移送、监督立案以及批准逮捕、提起公诉、裁判结果的信息。

尚未建成信息共享平台的环保部门、公安机关、人民检察院，应当自作出相关决定后及时向其他部门通报前款规定的信息。

第三十五条 各级环保部门、公安机关、人民检察院应当对信息共享平台录入的案件信息及时汇总、分析、综合研判，定期总结通报平台运行情况。

第六章 附 则

第三十六条 各省、自治区、直辖市的环保部门、公安机关、人民检察院可以根据本办法制定本行政区域的实施细则。

第三十七条 环境行政执法中部分专有名词的含义。

（一）“现场勘验图”，是指描绘主要生产及排污设备布置等案发现场情况、现场周边环境、各采样点位、污染物排放途径的平面示意图。

（二）“外环境”，是指污染物排入的自然环境。满足下列条件之一的，视同为外环境。

1. 排污单位停产或没有排污，但有依法取得的证据证明其有持续或间歇排污，而且无可处理相应污染因子的措施的，经核实生产工艺后，其产污环节之后的废水收集池（槽、罐、沟）内。

2. 发现暗管，虽无当场排污，但在外环境有确认由该单位排放污染物的痕迹，此暗管连通的废水收集池（槽、罐、沟）内。

3. 排污单位连通外环境的雨水沟（井、渠）中任何一处。

4. 对排放含第一类污染物的废水，其产生车间或车间处理设施的排放口。无法在车间或者车间处理设施排放口对含第一类污染物的废水采样的，废水总排放口或查实由该企业

排入其他外环境处。

第三十八条 本办法所涉期间除明确为工作日以外，其余均以自然日计算。期间开始之日不算在期间以内。期间的最后一日为节假日的，以节假日后的第一日为期满日期。

第三十九条 本办法自发布之日起施行。原国家环保总局、公安部和最高人民检察院《关于环境保护主管部门移送涉嫌环境犯罪案件的若干规定》(环发〔2007〕78号)同时废止。

发挥联动优势，强化衔接配合，重拳打击环境污染犯罪

——《环境保护行政执法与刑事司法衔接工作办法》解读

2017年1月25日，环境保护部会同公安部、最高人民检察院发布《环境保护行政执法与刑事司法衔接工作办法》（以下简称《办法》），要求各级环保部门、公安机关和人民检察院加强在环境保护工作中的协作配合，统一法律适用，完善案件移送和信息共享等衔接机制，形成打击环境污染犯罪的强劲合力。

一、《办法》出台的背景

（一）制定《办法》是贯彻执行《解释》（2016年）的迫切需要

自2013年6月《最高人民法院、最高人民检察院关于办理环境污染刑事案件适用法律若干问题的解释》[法释〔2013〕15号，以下简称《解释》（2013年）]发布以来，全国各级环保部门和司法机关进行有效衔接，形成推进合力，初步建立起案件移送、部门协作、信息共享等方面的制度并取得了较好成效，使一大批严重污染环境的罪犯受到刑事制裁。环保部门向公安机关移送涉嫌犯罪案件数量大幅度增长，2013—2016年分别为706件、2 180件、1 685件和1 963件。《解释》（2013年）对于强化环境司法保护，推进生态文明建设，发挥了十分重要的作用。

为应对环境污染犯罪领域出现的新情况和新问题，进一步加大对生态环境的司法保护力度，最高人民法院会同最高人民检察院，在公安部、环境保护部等有关部门的大力支持下，于2016年12月出台了《最高人民法院、最高人民检察院关于办理环境污染刑事案件适用法律若干问题的解释》[法释〔2016〕29号，以下简称《解释》(2016年)]，并于2017年1月1日起实施。《解释》(2016年)对环境污染犯罪的定罪量刑标准作了实体性规定，对公安机关和环保部门办案和证据提出了新的要求。因此，亟待出台程序性规定，以贯彻执行《解释》(2016年)，理顺环保、公安和检察机关三部门职责，畅通衔接机制。《办法》的出台能强化行政机关与司法机关的有效配合，实现行政执法与刑事司法的有序衔接，确保司法解释更好执行，实现法律效果，社会效果，政治效果的有机统一。

（二）制定《办法》是解决当前环境保护行政执法与刑事司法（以下简称“两法”）衔接问题的迫切需要

从执法、司法实践来看，各地仍然存在一些制约“两法”衔接工作的薄弱环节和瓶颈问题。一是缺乏刚性执行力。目前指导环境资源领域“两法”衔接工作的规范性文件，可操作性偏弱，工作落实单纯依靠上级机关的宣传推动。二是认识理解有偏差。各级各部门对犯罪构成要件、案件移送标准、法条的适用等存在认识理解偏差，直接影响案件移送和衔接机制的有效运转。三是证据意识有待加强。少数环境执法人员对涉刑案件证据的收集缺乏经验，使得案件证据之间缺少内在逻辑关联，出现孤证定案、程序瑕疵，甚至证据之间相互矛盾，最终难以完成刑事司法流程。四是工作机制流于形式。

大多数地方虽然制定了指导性文件，也建立并运行了环境保护"两法"衔接机制，但缺乏常态化的沟通和事务性工作的对接，各部门沟通联系不紧密，难以共同发挥深入打击环境污染犯罪，维护生态环境安全和群众生命健康的作用。

因此，有必要出台《办法》，由相关职能部门从机制层面探索完善环境行政执法与刑事司法衔接机制，细化健全部门之间案件移送标准、程序和信息共享制度，实现"两法"衔接工作的制度化、规范化、常态化和长效化。

（三）制定《办法》是指导环保机关与司法机关衔接配合和高效办案的迫切需要

《办法》在强化部门协作的原则框架下，坚持问题导向和底线思维，从解决工作中的普遍性问题出发，突出程序性规定和制度机制建设。《办法》规定了案件移送、法律监督、线索通报、联合办案、联合挂牌、联席会议、案件双向咨询、信息共享机制等内容，强化了《办法》的针对性、可操作性和指向性。

《办法》在《行政执法机关移送涉嫌犯罪案件的规定》（国务院令　第310号）等规定的基础上，细化了案件移送材料的种类和基本内容，便于各级执法部门对照完善。对无法查实嫌疑人但是环境执法主体和程序合法、污染犯罪事实清楚的案件，规定了公安机关应接收并进一步审查。同时，针对联合办案过程中部门分工不清的问题，分别明确环保部门、公安部门依职能执法、取（搜）证的重点，力求部门协同有条不紊、有序推进。

（四）制定《办法》是统一办案尺度和法律适用的迫切需要

目前，全国在办理环境污染犯罪案件方面呈现明显的地区差异性和不平衡性。如浙江、广东、福建、河北、山东、江苏等地区开展打击环境污染犯罪工作成效明显，其案件数量和质量均高于全国平均水平。而中西部地区普遍存在案件数量偏少、办案质量偏低、衔接配合不畅等问题。因此，制定《办法》以对全国环保机关和司法机关办案进行统一指导、补齐短板。

二、《办法》主要内容

《办法》共六章三十九条，主要内容如下：

第一章总则。明确《办法》的主要制定依据、适用部门和范围，深入完善“两法衔接”工作机制的内容。

第二章案件移送与法律监督。规定了涉嫌环境污染犯罪案件刑事司法移送的适用条件，移接程序、办理时限、应随案卷移送的材料，案件交接后环保、公安、检察机关的职责。

第三章证据的收集与使用。明确环保部门依法取得证据的资格，环保部门或公安机关出具认定意见的格式。

第四章协作机制。围绕建立“两法衔接”的长效机制，明确联席会议的内容，提出开展部门联合培训、建立案件双向咨询、重大案件联合挂牌；确定环保部门提供技术支持的范畴，以及环保、公安联合执法的基础勤务平台、现场调查职责分工等。

第五章信息共享。要求积极建设、规范使用“两法衔接”信息共享平台，并提出相关案件信息录入的要求、时间节点和主要内容。

第六章附则。对执法实践中容易引起争议的专用名词作出解释，并明确《办法》中涉及的时间区间计算方法。

三、《办法》强调的主要问题

（一）明确了案件移送标准

《办法》明确规定了环保部门移送案件的条件、时限和移送材料的要求，同时也对公安机关受案也作出相应规定，“对环保部门移送的涉嫌环境犯罪案件，公安机关应当依法接受，并立即出具接受案件回执或者在涉嫌环境犯罪案件移送书的回执上签字”，“但不得以材料不全为由，不接受移送案件”。这些规定能在制度层面解决环保部门有案不移、公安机关对移送案件该接不接的问题。

环境污染犯罪案件具有较强的时效性，证据容易灭失，如果等案件证据齐全、坐实后再移送，往往贻误最佳时机。因此，环境污染犯罪案件的查办需要环保部门与公安机关通力合作。《办法》明确规定，“环保部门在执法检查时，发现违法行为明显涉嫌犯罪的，应当及时向公安机关通报。公安机关认为有必要的可以依法开展初查，对符合立案条件的，应当及时依法立案侦查。在公安机关立案侦查前，环保部门应当继续对违法行为进行调查。”

（二）细化了人民检察院法律监督的具体内容和方式

《办法》总则规定了人民检察院对环保部门移送涉嫌环境犯罪案件活动和公安机关对移送案件的立案活动，依法实施法律监督。在分则中详细规定了人民检察院对环保和公安两部门监督的具体内容。“人民检察院发现环保部门不移送涉嫌环境犯罪案件的，可以派员查询、调阅有关案件材料，认为涉嫌环境犯罪应当移送的，应当提出建议移送的检察意见。环保部门应当自收到检察意见后3日内将案件移送公安机关，并将执行情况通知人民检察院。”人民检察院可以对公安机关立案情况进行法律监督，“人民检察院发现公安机关可能存在应当立案而不立案或者逾期未作出是否立案决定的，应当启动立案监督程序”。这些监督措施能有效促进环保部门和公安机关依法履行法定职责，形成打击环境污染犯罪的合力。

（三）强调三部门衔接协作机制

为从机制层面推进三部门无缝衔接，《办法》专门详细规定了三部门应当建立健全环境行政执法与刑事司法衔接的长效工作机制，建立定期召开联席会议机制、双向案件咨询制度、联合调查机制、重大案件进行联合挂牌督办制度和信息共享机制。并对环保部门提供支持和配合事项予以明确，《办法》规定，“公安机关、人民检察院办理涉嫌环境污染犯罪案件，需要环保部门提供环境监测或者技术支持的，环保部门应当按照上述部门刑事案件办理的法定时限要求积极协助，及时提供现场勘验、环境监测及认定意见。所需经费，应当列入本机关的行政经费预算，由同级财政予以保障。”

（四）明确了涉案物品移交及处置

对公安机关决定立案的案件，可能存在环保部门已经对排放污染物的主要设施设备等涉案物品采取查封措施的情况，因此环保部门需要明确在收到立案决定后，限期完成相关证物的交接工作，以避免证物消失、损毁导致案件定性困难。《办法》明确规定，“涉及查封、扣押物品的，环保部门和公安机关应当密切配合，加强协作，防止涉案物品转移、隐匿、损毁、灭失等情况发生。对具有危险性或者环境危害性的涉案物品，环保部门应当组织临时处理处置，公安机关应当积极协助；对无明确责任人、责任人不具备履行责任能力或者超出部门处置能力的，应当呈报涉案物品所在地政府组织处置。上述处置费用清单随附处置合同、缴费凭证等作为犯罪获利的证据，及时补充移送公安机关。”

第四部分

THE PART FOUR

环境污染犯罪典型案例

宝勋精密螺丝（浙江）有限公司及被告人黄x群等12人污染环境案

基本案情

2002年7月，被告单位宝勋精密螺丝（浙江）有限公司（以下简称“宝勋公司”）成立，经营范围包括生产销售建筑五金件、汽车高强度精密紧固件、精冲模具等，该公司生产中产生的废酸液及污泥为危险废物，必须分类收集后委托具有危险废物处置资质的单位处置。被告人黄x群自2008年起担任宝勋公司副总经理，负责公司日常经营管理，被告人姜x清自2016年4月起直接负责宝勋公司酸洗污泥的处置工作。

2016年7月—2017年5月，被告单位宝勋公司及被告人黄x群、姜x清违反国家关于危险废物管理的规定，在未开具危险废物转移联单的情况下，将酸洗污泥交给无危险废物处置资质的被告人李x红、涂x东、刘x桂进行非法处置。被告人李x红、涂x东、刘x桂通过伪造有关国家机关、公司印章，制作虚假公文、证件等方式，非法处置酸洗污泥。上述被告人通过汽车、船舶跨省运输危险废物，最终在江苏省淮安市、扬州市、苏州市，安徽省铜陵市非法倾倒、处置酸洗污泥共计1 071吨。其中，2017年5月22日，被告人姜x清、李x红、涂x东伙同被告人汪x平、汪x革、吴x祥、朱x华、查x你等人在安徽省铜陵市经开区将62.88吨酸洗污泥倾倒在长江堤坝内，造成环境严重污染。案发后，经鉴定评估，上述被告人非法倾倒、处置酸洗污泥造成环境损害数额为511万余元，产生应急处置、生态环境修复、鉴定评估等费用共计139万余元。

此外，2017年6—11月，被告人李x红、涂x东、刘x桂、吴x祥、朱x华、查x你等人在无危险废物处置资质的情况下，非法收集10余家江苏、浙江企业的工业污泥、废胶木等有毒、有害物质，通过船舶跨省运输至安徽省铜陵市江滨村江滩边倾倒。其中，倾倒废胶木313吨、工业污泥2 525余吨，另有2 400余吨工业污泥倾倒未遂。

诉讼过程

本案由安徽省芜湖市镜湖区人民检察院于2018年7月16日以被告单位宝勋公司以及被告人黄x群、姜x清、李x红、涂x东等12人犯污染环境罪向安徽省芜湖市镜湖区人民法院提起公诉。2018年9月28日，安徽省芜湖市镜湖区人民法院依法作出一审判决，认定被告单位宝勋公司犯污染环境罪，判处罚金一千万元；被告人黄x群犯污染环境罪，判处有期徒刑六年，并处罚金二十万元；被告人姜x清犯污染环境罪，判处有期徒刑五年九个月，并处罚金二十万元；判处被告人李x红等10人犯污染环境罪，判处有期徒刑六年至拘役四个月不等，并处罚金。一审宣判后，被告单位宝勋公司和被告人黄x群等人提出上诉。2018年12月5日，安徽省芜湖市中级人民法院二审裁定驳回上诉，维持原判。判决已生效。

典型意义

长江是中华民族的母亲河，也是中华民族发展的重要支撑。推动长江经济带发展是党中央作出的重大决策，是关系国家发展全局的重大战略。服务长江生态高水平保护和经济社会高质量发展，为长江经济带共抓大保护、不搞大开发提供有力保障，是公安司法机关肩负的重大政治责任、社会责任和法律责任。司法实践中，对发生在长江经济带十一省（直辖市）的跨省（直辖市）排放、倾倒、处置有放射性的废物、含传染病病原体的废物、有毒物质或者其他有害物质的环境污染犯罪行为，应当依法从重处罚。

本案中，被告单位宝勋公司及被告人黄x群等12人在江苏、浙江、安徽等地跨省运输、转移危险废物，并在长江流域甚至是长江堤坝内倾倒、处置，危险废物数量大，持续时间长，给长江流域生态环境造成严重危害。涉案地办案机关加强协作配合，查清犯罪事实，对被告单位宝勋公司及被告人黄x群等12人依法追究刑事责任，在办理长江经济带跨省（直辖市）环境污染案件，守护好长江母亲河方面具有典型意义。

无危险废物处置资质

虚假公文

虚假公文

虚假证件

裁判结果

非法倾倒、处置酸洗污泥共计1071吨，犯污染环境罪，判处罚金一千万元。

非法倾倒、处置酸洗污泥造成环境损害数额为511万余元，产生应急处置、生态环境修复、鉴定评估等费用共计139万余元。此外，非法收集工业污泥、废胶木等有毒、有害物质在滨村江滩边倾倒。判处被告人黄×群犯污染环境罪，判处有期徒刑六年，并处罚金二十万元；被告人姜×清犯污染环境罪，判处有期徒刑五年九个月，并处罚金二十万元；判处被告人李×红等10人犯污染环境罪，判处有期徒刑六年至拘役四个月不等，并处罚金。

上海印达金属制品有限公司及被告人应x达等5人污染环境案

基本案情

被告单位上海印达金属制品有限公司（以下简称“印达公司”），被告人应x达系印达公司实际经营人，被告人王x波系印达公司生产部门负责人。

印达公司主要生产加工金属制品、小五金、不锈钢制品等，生产过程中产生的废液被收集在厂区储存桶内。2017年12月，被告人应x达决定将储存桶内的废液交予被告人何x瑞处理，并约定向其支付7 000元，由王x波负责具体事宜。后何x瑞联系了被告人徐x鹏，12月22日夜，被告人徐x鹏、徐x平、驾驶槽罐车至公司门口与何x瑞会合，经何x瑞与王x波联系后进入公司抽取废液，三人再驾车至上海市青浦区白鹤镇外青松公路、鹤吉路西100米处，先后将约6吨废液倾倒至该处市政窨井内。经青浦区环保局认定，倾倒物质属于有腐蚀性的危险废物。

诉讼过程

本案由上海铁路运输检察院于2018年5月9日以被告人应x达、王x波等5人犯污染环境罪向上海铁路运输法院提起公诉。在案件审理过程中，上海铁路运输检察院对被告单位印达公司补充起诉。2018年8月24日，上海铁路运输法院依法作出判决，认定被告单位印达公司犯污染环境罪，判处罚金十万元；被告人应x达、王x波等5人犯污染环境罪，判处有期徒刑一年至九个月不等，并处罚金。判决已生效。

典型意义

准确认定单位犯罪并追究刑事责任是办理环境污染刑事案件中的重点问题，一些地方存在追究自然人犯罪多，追究单位犯罪少，单位犯罪认定难的情况和问题。司法实践中，经单位实际控制人、主要负责人或者授权的分管负责人决定、同意，实施环境污染行为的，应当认定为单位犯罪，对单位及其直接负责的主管人员和其他直接责任人员均应追究刑事责任。

本案中，被告人应x达系印达公司实际经营人，决定非法处置废液，被告人王x波系印达公司生产部门负责人，直接负责废液非法处置事宜。本案中对被告单位印达公司及其直接负责的主管人员和其他直接责任人员被告人应x达、王x波同时追究刑事责任，在准确认定单位犯罪并追究刑事责任方面具有典型意义。

印达公司
印达公司
先后将约6吨有腐蚀性的危险废物倾倒至该处市政窨井内，被告单位印达公司犯污染环境罪，判处罚金十万元。
被告人应×达、王×波等5人犯污染环境罪，判处有期徒刑一年至九个月不等，并处罚金。

案例三

上海云瀛复合材料有限公司及被告人贡 x 国等 3 人污染环境案

基本案情

被告单位上海云瀛复合材料有限公司（以下简称“云瀛公司”）在生产过程中产生的钢板清洗废液，属于危险废物，需要委托有资质的专门机构予以处置。被告人乔 x 敏系云瀛公司总经理，全面负责日常生产及管理工作，被告人陶 x 系云瀛公司工作人员，负责涉案钢板清洗液的采购和钢板清洗废液的处置。

2016 年 3 月—2017 年 12 月，被告人乔 x 敏、陶 x 在明知被告人贡 x 国无危险废物经营许可资质的情况下，未填写危险废物转移联单并经相关部门批准，多次要求被告人贡 x 国将云瀛公司产生的钢板清洗废液拉回常州市并处置。2017 年 2—12 月，被告人贡 x 国多次驾驶卡车将云瀛公司的钢板清洗废液非法倾倒于常州市新北区春江路与辽河路交叉口附近污水井、常州市新北区罗溪镇黄河西路等处；2017 年 12 月 30 日，被告人贡 x 国驾驶卡车从云瀛公司运载钢板清洗废液至常州市新北区黄河西路 685 号附近，利用塑料管引流将钢板清洗废液非法倾倒至下水道，造成兰陵河水体被严重污染。经抽样检测，兰陵河增光桥断面河水超过 IV 类地表水环境质量标准。被告人贡x国非法倾倒涉案钢板清洗废液共计67.33吨。

诉讼过程

本案由江苏省常州市武进区人民检察院于2018年8月9日以被告单位云瀛公司以及被告人贡x国等3人犯污染环境罪向江苏省常州市武进区人民法院提起公诉。2018年12月17日，常州市武进区人民法院作出判决，认定被告单位云瀛公司犯污染环境罪，判处罚金三十万元；被告人贡x国犯污染环境罪，判处有期徒刑一年三个月，并处罚金五万元；被告人乔x敏犯污染环境罪，判处有期徒刑一年，缓刑二年，并处罚金五万元；被告人陶x犯污染环境罪，判处有期徒刑一年，缓刑二年，并处罚金五万元；禁止被告人乔x敏、陶x在缓刑考验期内从事与排污工作有关的活动。判决已生效。

典型意义

准确认定犯罪嫌疑人、被告人的主观过错是办理环境污染刑事案件中的重点问题。司法实践中，判断犯罪嫌疑人、被告人是否具有环境污染犯罪的故意，应当依据犯罪嫌疑人、被告人的任职情况、职业经历、专业背景、培训经历、本人因同类行为受到行政处罚或刑事追究情况以及污染物种类、污染方式、资金流向等证据，结合其供述，进行综合分析判断。

本案中，被告人乔x敏、陶x明知本单位产生的危险废物需要有资质的单位来处理，且跨省、市区域转移需填写危险废物转移联单并经相关部门批准，仍通过与有资质的单位签订合同但不实际处理，多次要求被告人贡x国将云瀛公司产生的钢板清洗废液拉回常州市并处置，放任对环境造成危害。被告人贡x国在无危险废物经营许可资质的情况下，跨省、市区域运输危险废物并非法倾倒于常州市内污水井、下水道中，严重污染环境。上述3名被告人均具有环境污染犯罪的故意。本案在准确认定犯罪嫌疑人、被告人的主观过错方面具有典型意义。

无危险废物
经营许可资质
认定被告单位云瀛公司犯污染环境罪，判处罚金三十万元。
贡×国多次非法倾倒废液共计67.33吨，造成兰陵河增光桥断面河水超过IV类地表水环境质量标准。被告人贡×国犯污染环境罪，判处有期徒刑一年三个月，并处罚金五万元；被告人乔×敏犯污染环境罪，判处有期徒刑一年，缓刑二年，并处罚金五万元；被告人陶×犯污染环境罪，判处有期徒刑一年，缓刑二年，并处罚金五万元；禁止被告人乔×敏、陶×在缓刑考验期内从事与排污工作有关的活动。

案例四

贵州宏泰化工有限责任公司及被告人张x文、赵x污染环境案

基本案情

被告单位贵州宏泰化工有限责任公司（以下简称“宏泰公司”），经营范围为重晶石开采和硫酸钡、碳酸钡、硝酸钡生产销售等。被告人张x文自2014年起任宏泰公司副总经理兼办公室主任，协助总经理处理全厂日常工作。被告人赵x自2014年起任宏泰公司环保专员，主管环保、消防等工作。

宏泰公司主要业务之一为生产化工原料碳酸钡，生产产生的废渣有氮渣和钡渣。氮渣属一般废弃物，钡渣属危险废物。宏泰公司在贵州省紫云自治县猫营镇大河村租赁土地堆放一般废弃物氮渣，将危险废物钡渣销往有危险废物经营许可证资质的企业进行处置。2014年底，有资质企业经营不景气，加之新的环境保护法即将实施，对危险废物管理更加严格，因此各企业不再向宏泰公司购买钡渣，导致该公司厂区内大量钡渣留存，无法处置。被告人张x文、赵x在明知钡渣不能随意处置的情况下，通过在车箱底部垫钡渣、在氮渣内掺入钡渣等方式倾倒在氮渣堆场，并且借安顺市某环保砖厂名义签署工业废渣综合利用协议，填写虚假的危险废物转移联单，应付环保行政主管部门检查。2015 年 10 月 19 日至 23 日，环保部西南督察中心联合贵州省环保厅开展危险废物污染防治专项督察过程中，查获宏泰公司的违法行为。经测绘，宏泰公司废渣堆场堆渣量为 72 194 立方米，废渣平均密度为 1 250 千克 / 立方米，堆渣量达 90 242.5 吨。经对堆场废渣随机抽取的 50 个样本进行检测，均检出钡离子，其中两个样本检测值超过 100 毫克 / 升。

诉讼过程

本案由贵州省安顺市平坝区人民检察院以被告单位宏泰公司及被告人赵 x 犯污染环境罪向贵州省安顺市平坝区人民法院提起公诉，后又以被告人张 x 文犯污染环境罪向安顺市平坝区人民法院追加起诉。2017 年 11 月 23 日，贵州省安顺市平坝区人民法院依法作出判决，认定被告单位宏泰公司犯污染环境罪，判处罚金一百万元；被告人张 x 文犯污染环境罪，判处有期徒刑三年，缓刑三年，并处罚金二千元；被告人赵 x 犯污染环境罪，判处有期徒刑三年，缓刑三年，并处罚金二千元。判决已生效。

典型意义

准确认定非法排放、倾倒、处置行为是办理环境污染刑事案件中的重点问题。司法实践中认定非法排放、倾倒、处置行为时，应当根据法律和司法解释的有关规定精神，从其行为方式是否违反国家规定或者行业操作规范、污染物是否与外环境接触、是否造成环境污染的危险或者危害等方面进

行综合分析判断。对名为运输、贮存、利用，实为排放、倾倒、处置的行为应当认定为非法排放、倾倒、处置行为，依法追究刑事责任。

本案中，被告单位宏泰公司及被告人张x文、赵x在明知危险废物钡渣不能随意处置的情况下，仍在氮渣内掺入钡渣倾倒在氮渣堆场，名为运输、贮存、利用，实为排放、倾倒、处置，放任危险废物流失、泄漏，严重污染环境。本案在准确认定非法排放、倾倒、处置行为方面具有典型意义。

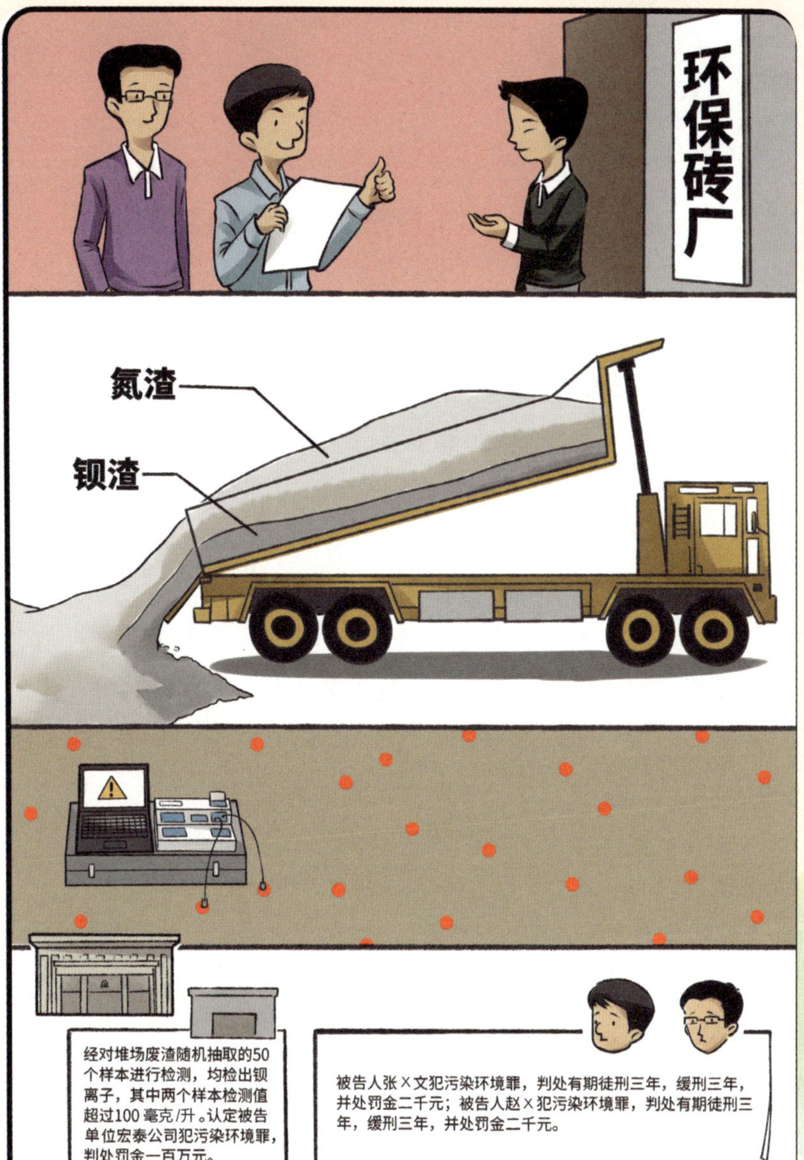
环保砖厂
氮渣
钡渣
经对堆场废渣随机抽取的50个样本进行检测，均检出钡离子，其中两个样本检测值超过100 毫克/升。认定被告单位宏泰公司犯污染环境罪，判处罚金一百万元。
被告人张×文犯污染环境罪，判处有期徒刑三年，缓刑三年，并处罚金二千元；被告人赵×犯污染环境罪，判处有期徒刑三年，缓刑三年，并处罚金二千元。

案例五

刘×义、黄×添、韦×榜等17人污染环境系列案

基本案情

被告人刘x系广东省博罗县加得力油料有限公司的实际投资人和控制人，被告人黄x添系该公司法定代表人。自2016年起，两被告人在明知被告人刘x义没有处置废油的资质情况下，仍将3 192吨废油交给刘x义处理。

被告人黄x顺系广东省佛山市泽田石油科技有限公司的法定代表人。自2016年11月起，黄x顺为获取600元/车的装车费，擅自决定将存放在公司厂区近100吨废油交给刘x义处理。

被告人关x平、冯x明系广东省东莞市道滘镇鸿海润滑油经营部的合伙人。2017年2月，两被告人将加工过程中产生的酸性废弃物29.63吨交给刘x义处置。

除上述企业提供的废油外，被告人刘x义还联系广东其他企业提供废油，然后由被告人柯x永、韦x文联系车辆将废油运送至广西壮族自治区来宾市兴宾区、武宣县、象州县等地，被告人韦x榜负责找场地堆放、倾倒、填埋。被告人梁x邦、韦x模应被告人韦x榜的要求，负责在武宣县境内寻找场地堆放废油并组织人员卸车，从中获取卸车费。被告人韦x林、张x来等5人应被告人韦x榜的要求，负责在象州县境内寻找场地倾倒废油并收取酬劳。

此外，被告人柯x水、韦x榜在武宣县境内建造炼油厂，从广东省运来30吨废油提炼沥青，提炼失败后，两被告人将13吨废油就地丢弃，其余废油转移至位于来宾市兴宾区的韦x榜炼油厂堆放，之后被告人柯x水又联系被告人刘x义将废油运至韦x榜的炼油厂堆放。在该堆放点被查处后，被告人柯x水、韦x榜决定将废油就地填埋。

经现场勘验及称量，本案中被告人在兴宾区、武宣县、象州县倾倒、填埋、处置的废油共计6 651.48吨，需要处置的污染废物共计10 702.95吨，造成直接经济损失3217.05万元，后续修复费用45万元。

诉讼过程

刘x义、黄x添、韦x榜等17人污染环境系列案由广西壮族自治区武宣县人民检察院向广西壮族自治区武宣县人民法院提起公诉。武宣县人民法院依法作出一审判决，认定被告人刘x义犯污染环境罪，判处有期徒刑五年，并处罚金一百万元；被告人黄x添犯污染环境罪，判处有期徒刑四年，并处罚金八十万元；被告人韦x榜犯污染环境罪，判处有期徒刑四年，并处罚金二十万元；其余被告人犯污染环境罪，判处有期徒刑四年至拘役三个月缓刑六个月不等，并处罚金。一审宣判后，被告人刘x、黄x添、柯x水、梁x邦提出上诉。2018年7月18日，广西壮族自治区来宾市中级人民法院作出二审判决，驳回黄x添、柯x水、梁x邦的上诉。鉴于刘

x主动交纳四百万元给当地政府用于处置危险废物，二审期间又主动缴纳罚金八十万元，交纳危险废物处置费二十万元，认罪态度好，确有悔罪表现，认定刘x犯污染环境罪，判处有期徒刑三年，缓刑四年，罚金八十万元。判决已生效。

典型意义

当前，有的地方已经形成分工负责、利益均沾、相对固定的危险废物非法经营产业链，具有很大的社会危害性。司法实践中，公安司法机关要高度重视此类型案件的办理，坚持全链条、全环节、全流程对非法排放、倾倒、处置、经营危险废物的产业链进行刑事打击，查清犯罪网络，深挖犯罪源头，斩断利益链条，不断挤压和铲除其滋生蔓延的空间。

本案中，被告人刘x义等17人形成了跨广东、广西两省区的非法排放、倾倒、处置、经营危险废物产业链，有的被告人负责提供废油，有的被告人负责收集运输废油，有的被告人负责寻找场所堆放、倾倒、填埋废油，废油数量大，持续时间长，涉及地区广，严重污染当地环境。本案在深挖、查实并依法惩处危险废物非法经营产业链方面具有典型意义。

认定被告人刘×义犯污染环境罪，判处有期徒刑五年，并处罚金一百万元；被告人黄×添犯污染环境罪，判处有期徒刑四年，并处罚金八十万元；被告人韦×榜犯污染环境罪，判处有期徒刑四年，并处罚金二十万元；其余被告人犯污染环境罪，判处有期徒刑四年至拘役三个月缓刑六个月不等，并处罚金。

刘 x 清污染环境案

排放含重金属的污染物严重超标，构成污染环境罪

基本案情

2013 年 10 月以来，被告人刘 x 清伙同他人，在未按国家规定办理工商营业执照及环境影响评价审批手续，未建设配套水污染防治等环保设施的情况下，雇佣工人从事鞋模加工。期间，产生的废水未经过处理，通过连接围堰的管道排至村庄排水渠。经监测，上述加工厂总外排口废水中重金属浓度为镍 23 200 毫克 / 升、总铬 8.64 毫克 / 升、铜 36 毫克 / 升、锌 132 毫克 / 升，分别超过《污水综合排放标准》（GB 8978—1996）规定的排放标准 23 199 倍、4.76 倍、35 倍、25.4 倍。

裁判结果

福建省晋江市人民法院一审判决、泉州市中级人民法院二审裁定认为：被告人刘 x 清伙同他人在鞋模加工时，违反国家规定，排放含镍、铬、铜、锌的废水，超过国家规定的排放标准 23 199 倍、4.76 倍、35 倍、25.4 倍，严重污染环境，其行为已构成污染环境罪。据此，以污染环境罪判处被告人刘 x 清有期徒刑二年八个月，并处罚金人民币五万元。

工商营业执照

环境影响评价审批手续

直接排放
重金属严重超标

裁判结果

排放含镍、铬、铜、锌的废水，超过国家规定的排放标准 23 199倍、4.76倍、35倍、25.4倍，严重污染环境，其行为已构成污染环境罪。据此，以污染环境罪判处被告人刘 X 清有期徒刑二年八个月，并处罚金人民币五万元。

案例七

田×国、厉×国污染环境案

非法炼铅污染环境，判处有期徒刑四年半

基本案情

被告人田x国租赁炼铅厂，未取得危险废物经营许可证，未采取任何污染防治措施，利用火法冶金工艺进行废旧铅酸蓄电池还原铅生产。2012年8月—2013年10月，被告人田x国先后从张x芳等人（已另案处理）处购买价值人民币108 330 105元的废旧铅酸蓄电池共计13 500余吨，用于还原铅生产，严重污染环境。被告人厉x国建设炼铅厂租赁给田x国，且为田建国经营提供帮助。田x国归案后如实供述自己的犯罪行为。

裁判结果

江苏省徐州市云龙区人民法院一审判决、徐州市中级人民法院二审裁定认为：田x国非法收购废旧铅酸电池，利用火法冶金工艺进行炼铅，在非法处置过程中，产生的大量废水、废气均未经处理直接排放，溢出的粉尘用自制布袋收集，生产的成品铅锭露天堆放，造成严重污染，构成污染环境罪。厉x国构成污染环境罪的共同犯罪。综合考虑污染行为持续

时间、经营规模、污染范围以及排放污染物的数量等因素，二被告人的行为应当认定为“后果特别严重”。据此，以污染环境罪判处被告人田x国、厉x国各有期徒刑四年六个月，并处罚金人民币十万元。

我提供炼铅厂和经营帮助。

我提供废铅酸电池。

无证无治污设施也可以加工废铅酸电池了！这样多赚钱！

大量废气直接排放

自制集尘袋

大量污水直接排放

裁判结果

你来这边处理！

田X国非法收购废旧铅酸电池，利用火法冶金工艺进行炼铅，在非法处置过程中，造成严重污染，构成污染环境罪。厉X国构成污染环境罪的共同犯罪。二被告人的行为应当被认定为“后果特别严重”。据此，以污染环境罪判处被告人田X国、厉X国各有期徒刑四年六个月，并处罚金人民币十万元。

案例八

浙江汇德隆染化有限公司等污染环境案

一万八千余吨精馏残液倾倒海塘，判处罚金二千万元

基本案情

被告单位浙江汇德隆染化有限公司（以下简称“汇德隆公司”）是一家年产4万吨保险粉及3 800吨亚硫酸钠的化工企业，绍兴腾达印染有限公司（以下简称“腾达公司”）主要经营印花、染色等项目，上述两公司实际控制人均为被告人严海兴。在保险粉合成、过滤干燥过程中产生的精馏残液（含有甲醇、甲酸钠、亚硫酸钠等成分）属于危险废物。2012年7月、8月间，为缓解汇德隆公司处理精馏残液的排污压力，严海兴经与被告人潘x峰（汇德隆公司总经理）、潘x林（腾达公司土建主管）商议，将汇德隆公司的精馏残液外运至无危险废物处置资质的腾达公司。精馏残液经与腾达公司自身产生的废水混合后，通过暗管直接排入管网，累计排放5 000余吨。2012年10月起，为缓解汇德隆公司处理精馏残液的排污压力，潘x峰又以50～80元/吨的价格委托无危险废物处置资质的被告人汝x国外运处置汇德隆公司的精馏残液，严x兴明知且默许上述外运处置行为。汝x国伙同被告人汝x成、汝x，分别雇佣被告人徐x锁、唐x征、李x华、罗x杰等人采用槽罐车将上述精馏残液运至杭州湾上虞工业园区外

海塘等地直接倾倒，累计倾倒18 000余吨。被告人潘x凤（汇德隆公司仓库主管）明知汇德隆公司非法外运处置精馏残液，仍接受潘x峰的指派，组织人员负责对运输精馏残液的槽罐车过磅、填写供货清单等工作。

裁判结果

浙江省绍兴市上虞区人民法院一审判决、绍兴市中级人民法院二审裁定认为：被告单位汇德隆公司伙同被告人汝x国、汝x成、汝x等违反国家规定，排放、倾倒、处置有毒物质，严重污染环境，构成污染环境罪，且属后果特别严重。综合考虑案发后自首、立功、如实供述、退缴违法所得、补缴污水处理费等情节，以污染环境罪判处被告单位浙江汇德隆染化有限公司罚金人民币二千万元；判处被告人严x兴有期徒刑四年六个月，并处罚金人民币一百万元；判处被告人潘x峰、汝x国各有期徒刑四年，并处罚金人民币三十万元；判处被告人潘x林有期徒刑三年，并处罚金人民币六万元；判处被告人汝x成有期徒刑一年六个月，并处罚金人民币五万元；判处被告人汝x有期徒刑一年三个月，并处罚金人民币三万元；判处被告人潘x凤、徐x锁各有期徒刑十个月，缓刑一年，并处罚金人民币一万元；判处被告人唐x征、李x华各有期徒刑六个月，缓刑一年，并处罚金人民币一万元；判处被告人罗x杰拘役六个月，缓刑十个月，并处罚金人民币一万元；禁止被告人徐x锁、唐x征、李x华、罗x杰在缓刑考验期限内从事与排污相关的活动。

得省省钱，想办法把那些危废残液处理了！

危险废物
汇德隆精馏残液

腾达公司废水

直排入管网

帮运走！

我来找人！

无资质

裁判结果

汇德隆

以污染环境罪判处被告单位浙江汇德隆染化有限公司罚金人民币二千万元；判处被告人严X兴有期徒刑四年六个月，并处罚金人民币一百万元；判处被告人潘X峰、汝X国各有期徒刑四年，并处罚金人民币三十万元；判处被告人潘X林有期徒刑三年，并处罚金人民币六万元；判处被告人汝X成有期徒刑一年六个月，并处罚金人民币五万元；判处被告人汝X有期徒刑一年三个月，并处罚金人民币三万元；判处被告人潘X凤、徐X锁各有期徒刑十个月，缓刑一年，并处罚金人民币一万元；判处被告人唐X征、李X华各有期徒刑六个月，缓刑一年，并处罚金人民币一万元；判处被告人罗X杰拘役六个月，缓刑十个月，并处罚金人民币一万元；禁止被告人徐X锁、唐X征、李X华、罗X杰在缓刑考验期限内从事与排污相关的活动。

王 x 为等污染环境案

居民区附近非法填埋生活垃圾，判处有期徒刑五年

基本案情

2014 年 10 月起，被告人王 x 为承包现代农业物流园用地回填工程并转包给他人，在明知该物流园用地不具备生活垃圾处置功能，且他人无处置生活垃圾资质的情况下，任其倾倒、填埋生活垃圾。该填埋场西北侧为吴淞江，东侧为农田，500 米内有村庄 3 座，最近的村庄距离该填埋场 125 米。王 x 为和被告人李 x 根系合伙关系，其中王 x 为总体负责填埋工程。被告人刘 x 海系南侧填埋工地负责人，被告人韩 x 应刘 x 海之邀作为合伙人参与南侧填埋工程。该填埋场采用生活垃圾和建筑垃圾分层填埋的方式进行生活垃圾填埋。填埋生活垃圾被发现后，王 x 为派人移除北侧部分生活垃圾，南侧继续填埋生活垃圾直至 2015 年 3 月。经测算，北侧所倾倒、填埋生活垃圾的留存量为 48 236 立方米，南侧所倾倒、填埋生活垃圾的留存量为 146 935 立方米。经评估，王 x 为、李 x 根填埋生活垃圾造成公私财产损失合计人民币约 12 067 009.94 元，刘 x 海、韩 x 填埋生活垃圾造成公私财产损失合计人民币约 9 084 680.27 元。

裁判结果

江苏省苏州市姑苏区人民法院判决认为：被告人王x为、李x根明知涉案物流园用地不具备生活垃圾处置功能，且他人无处置生活垃圾资质，任其倾倒、填埋生活垃圾，造成公私财产重大损失；被告人刘x海、韩x违反国家规定，无资质倾倒、填埋生活垃圾，造成公私财产重大损失。上述各被告人的行为均构成污染环境罪，且属“后果特别严重”。据此，以污染环境罪判处被告人王x为有期徒刑五年，并处罚金人民币二十万元；被告人刘x海有期徒刑四年八个月，并处罚金人民币十五万元；被告人李x根有期徒刑三年六个月，并处罚金人民币十万元；被告人韩x有期徒刑二年六个月，并处罚金人民币六万元。该判决已发生法律效力。

您这边没生活垃圾处理资质？没事，我包了！

包给你处理。你也没资质？……算了，直接开工吧！

我们这么办！

吴淞江

被人举报了！快把北边的移走点！

北

125米

垃圾填埋场

500米

农田

裁判结果

各被告人的行为均构成污染环境罪，且属“后果特别严重”。据此，以污染环境罪判处被告人王X为有期徒刑五年，并处罚金人民币二十万元；被告人刘X海有期徒刑四年八个月，并处罚金人民币十五万元；被告人李X根有期徒刑三年六个月，并处罚金人民币十万元；被告人韩X有期徒刑二年六个月，并处罚金人民币六万元。

湖州市工业和医疗废物处置中心有限公司污染环境案

危险废物处置企业非法处置危险废物，后果特别严重

基本案情

湖州市工业和医疗废物处置中心系具有处置危险废物资质的企业，其许可经营项目为湖州市范围内医药废物、有机溶剂废物、废矿物油、感光材料废物等危险废物和医疗废物的收集、贮存、处置。2011 年，被告人施 x（法定代表人）指使、授意或者同意其下属经营管理人员，将该中心收集的危险废物共计 5 950 余吨交由没有相应资质的单位和个人处置，从中牟利。其中，部分危险废物被随意倾倒。

裁判结果

浙江省湖州市吴兴区人民法院一审判决、湖州市中级人民法院二审判决认为：被告单位湖州市工业和医疗废物处置中心有限公司违反国家规定，处置危险废物，严重污染环境。被告人施 x 系被告单位直接负责的主管人员，指使、授意或者同意其下属经营管理人员实施上述行为。被告单位和被告人的行为均已构成污染环境罪，且属“后果特别严重”。综合考虑本案相关犯罪情节，判决被告单位湖州市工业和医疗废物处置中心有限公司犯污染环境罪，判处罚金人民币四十万元；被告人施政犯污染环境罪，判处有期徒刑三年十个月，并处罚金人民币十五万元，与其所犯行贿罪判处的刑罚并罚，决定执行有期徒刑六年三个月，并处罚金人民币二十五万元。

危险废物经营许可证
单位名称：湖州市工业和医疗废物处置中心
核准经营范围：湖州市范围内医药废物、有机溶剂废物、废矿物油、感光材料废物等危险废物和医疗废物的收集、贮存、处置。
有证哦。
随便转包给谁，赚他一笔！
无证四
无证三
无证一
无证二
随便倒掉好了。

裁判结果

被告单位和被告人的行为均已构成污染环境罪，属"后果特别严重"。判决被告单位湖州市工业和医疗废物处置中心有限公司犯污染环境罪，判处罚金人民币四十万元；被告人施X犯污染环境罪，判处有期徒刑三年十个月，并处罚金人民币十五万元，与其所犯行贿罪判处的刑罚并罚，决定执行有期徒刑六年三个月，并处罚金人民币二十五万元。

案例十一

建滔（河北）焦化有限公司污染环境案

挥发酚超标直排大气，判处罚金二百四十五万元

基本案情

2014年3月，被告单位建滔（河北）焦化有限公司二期生化处理站的生化池出现活性污泥死亡，不能达标处理蒸氨废水。被告人王x武（公司总经理）、张x甫（公司工程部经理）、胡x晶（公司工程部副经理）、陈x（二期生化处理站主任）和张x（岗位责任人）发现这一情况后，在未采取有效措施使蒸氨废水处理达标的情况下，为逃避环保部门的监管，由张x甫指使陈x、张x捏造达标的虚假水质检测表，并将这些未达标处理的蒸氨废水用于熄焦塔补水，导致蒸氨废水中的挥发酚被直接排入大气，严重污染环境，经检测，熄焦塔补水中的有毒物质挥发酚超出国家规定标准137倍。

裁判结果

河北省邢台市桥东区人民法院判决认为：被告单位建滔（河北）焦化有限公司违反国家规定排放严重危害环境、损害人体健康的污染物，严重污染环境，构成污染环境罪。被告人张x甫、张x、陈x、王x武、胡x晶作为直接负责的主管人员或者其他直接责任人员，应当承担相应的刑事责任。案发后被告单位建滔（河北）焦化有限公司投入大量资金对设备进行改造，达到环保要求，可以酌情从轻处罚。据此，以污染环境罪判处被告单位建滔（河北）焦化有限公司罚金人民币二百四十五万元；被告人张x甫有期徒刑一年，并处罚金人民币五万元；被告人张x有期徒刑十个月，并处罚金人民币三万元；被告人陈x有期徒刑十个月，并处罚金人民币三万元；被告人王x武有期徒刑六个月，缓刑一年，并处罚金人民币二万元；被告人胡x晶罚金人民币二万元。该判决已发生法律效力。

裁判结果

被告单位建滔（河北）焦化有限公司违反国家规定排放严重危害环境、损害人体健康的污染物，严重污染环境，构成污染环境罪。以污染环境罪判处被告单位建滔（河北）焦化有限公司罚金人民币二百四十五万元；被告人张×甫有期徒刑一年，并处罚金人民币五万元；被告人张×有期徒刑十个月，并处罚金人民币三万元；被告人陈×有期徒刑十个月，并处罚金人民币三万元；被告人王×武有期徒刑六个月，缓刑一年，并处罚金人民币二万元；被告人胡×晶罚金人民币二万元。

白×林、吴×琴污染环境案

非法处置含矿物油的包装桶，构成污染环境罪

基本案情

润滑油等矿物油系危险废物，根据《国家危险废物名录》的规定，含有或直接沾染危险废物的废弃包装物、容器亦属于危险废物。2014年10月—2015年4月，被告人白x林在未取得危险废物经营许可证的情况下，从被告人吴x琴等人处收购沾染有矿物油、涂料废物及废有机溶剂等物的废旧包装桶，并雇佣工人清洗或者切割后出售。对于清洗废旧包装桶产生的废水，白x林指使工人倾倒在地上，通过铺设的管道排放至外环境。据查，吴x琴先后向白家林出售沾染有润滑油的废旧包装桶共计50.5吨。

裁判结果

重庆市渝北区人民法院一审判决认为：被告人白x林违反国家规定，非法处置危险废物三吨以上，严重污染环境；被告人吴x琴明知白x林无经营许可证，向其提供危险废物，严重污染环境，构成共同犯罪。据此，综合考虑被告人吴x琴系初犯，庭审中自愿认罪等情节，以污染环境罪判处被告人白x林有期徒刑一年八个月，并处罚金十五万元；被告人吴x琴有期徒刑一年，缓刑二年，并处罚金八万元。被告人白x林提起上诉后申请撤回上诉，重庆市第一中级人民法院经审查裁定准许。

润滑油等矿物油系危险废物，根据《国家危险废物名录》的规定，含有或直接沾染危险废物的废弃包装物、容器亦属于危险废物。

废桶拉过来吧。

无照回收中

裁判结果

以污染环境罪判处被告人白 林有期徒刑一年八个月，并处罚金十五万元；被告人吴x琴有期徒刑一年，缓刑二年，并处罚金八万元。

案例十三

浙江金帆达生化股份有限公司等污染环境案

非法倾倒草甘膦母液三万五千余吨，判处罚金七千五百万元

基本案情

方埠化工厂系浙江金帆达生化股份有限公司(以下简称“金帆达公司”)下属企业，专门生产农药草甘膦。2011年，方埠化工厂生产产生的危险废物草甘膦母液因得不到及时处理而胀库。为不影响生产并降低处理成本，被告人杜x祥（金帆达公司副总经理）、宋x琴（金帆达公司国内贸易部经理），经被告人蒲x国（金帆达公司总经理）默许，委托不具备危险废物处置资质的杭州联环化工有限公司（以下简称“联环公司”)、湖州德兴化工物资有限公司(以下简称“德兴公司”)、富阳博新化工有限公司（以下简称“博新公司”）及被告单位衢州市新禾农业生产资料有限责任公司（以下简称“新禾公司”）等有业务往来的化工原料提供单位非法外运处置草甘膦母液。被告人李x峰（方埠化工厂分管物管部的副厂长）明知生产产生的草甘膦母液应委托有处理资质的企业处置，仍负责联系宋x琴通知新禾公司等单位非法拉运草甘膦母液。2011年10月—2013年5月，金帆达公司共非法处置草甘膦母液35 000余吨，直接倾倒至外环境。

2011年下半年，被告单位新禾公司为谋取利益，在不具

备危险废物处置资质的情况下，违反国家规定，经被告人吴x长（新禾公司法定代表人）同意，由被告人洪x女（新禾公司副总经理）与杜x祥、宋x琴联系，约定为金帆达公司处置草甘膦母液，并收取每吨80～100元的处置费用。2012年初—2013年5月，新禾公司通过被告人黄x东、王x合伙经营的槽罐车将共计5 000余吨的草甘膦母液从方埠化工厂运至衢州，倾倒在小溪、沙滩、林地等处，并支付黄x东、王x每吨50～60元的处置费用。被告人严x（新禾公司股东）负责与黄x东、王x及金帆达公司结算草甘膦母液处置费用、开具发票等事宜。被告人林x木、舒x忠、柴x贵、杨x云、傅x祥、陈x荣、张x国、方x良、邱x良、蒋x华作为槽罐车的驾驶员、押运员，参与草甘膦母液的运输及协助倾倒。

裁判结果

浙江省龙游县人民法院一审判决、浙江省衢州市中级人民法院二审裁定认为：被告单位浙江金帆达生化股份有限公司、衢州市新禾农业生产资料有限责任公司与被告人黄x东、王x等人违反国家规定，倾倒、处置危险废物，严重污染环境，其行为均已构成污染环境罪，且属“后果特别严重”。综合考虑案发后自首、如实供述、退缴违法所得等情节，以污染环境罪判处被告单位浙江金帆达生化股份有限公司罚金人民币七千五百万元；判处被告单位衢州市新禾农业生产资料有限责任公司罚金人民币四百万元；判处被告人杜x祥有期徒刑六年，并处罚金人民币一百万元；以及其他各被告人相应有期徒刑和罚金。

此外，浙江省杭州市富阳区人民法院、萧山区人民法院、杭州市中级人民法院、德清县人民法院、湖州市中级人民法院均已分别对涉案的博新化工、联环化工、德兴化工及相关被告人依法作出裁判。

金帆达公司

方埠化工

你们帮我和我下属公司处理了这些危险废液。危险废物处理资质没有也没关系，只要价格低就行！

无证

我们接了批处理危险废液的活，你们发十辆槽罐车来把这些危废拉走吧。

通知他们来拉吧。

裁判结果

金帆达

新禾

被告单位浙江金帆达生化股份有限公司、衢州市新禾农业生产资料有限责任公司与被告人黄X东、王X等人违反国家规定，倾倒、处置危险废物，严重污染环境，其行为均已构成污染环境罪，且属“后果特别严重”。以污染环境罪判处浙江金帆达生化股份有限公司罚金人民币七千五百万元；判处衢州市新禾农业生产资料有限责任公司罚金人民币四百万元；判处杜X祥有期徒刑六年，并处罚金人民币一百万元；以及其他各被告人相应有期徒刑和罚金。